PRÉVENIR LE BURN-OUT

JACQUES LANGUIRAND

PRÉVENIR LE BURN-OUT

ÉDITIONS HÉRITAGE
MONTRÉAL

Données de catalogage avant publication (Canada)

Languirand, Jacques, 1930–

  Prévenir le Burn-Out

  ISBN 2-7625-5900-6

  1. Dépression d'épuisement. I. Titre.

BF481.L36 1987   158'.1   C87-096393-7

Conception graphique de la couverture: Dufour et fille design inc.
Maquette, conception et réalisation du livre et de la cassette:
   Les Productions Minos Ltée.
   Infographie: Info-Lab

Dépôts légaux: 3e trimestre 1987
Bibliothèque nationale du Québec
Bibliothèque nationale du Canada

LES ÉDITIONS HÉRITAGE INC.
300, Arran, Saint-Lambert, Québec J4R 1K5
(514) 875-0327

Aux participants des ateliers sur le burn-out
que j'ai animés régulièrement
pendant près de trois ans,

et dont l'interaction
m'a été un véritable enseignement.

Et à la mémoire de mon Maître,
le professeur Théo Chentrier,
père de la psychanalyse au Québec,
qui fut pendant plusieurs années l'animateur de
l'émission radiophonique
"Psychologie de la vie quotidienne"
– puissant agent de prise de conscience et de
transformation
de notre société;

qui avait la sagesse et l'habilité de donner
à un savoir considérable
l'apparence du gros bon sens;

et qui m'a initié aux délices douces-amères
de l'explication psychologique.

Je remercie tout spécialement ma collaboratrice
Josée Des Trois Maisons
dont la compétence, le dévouement et la patience
m'ont été précieux pour mener à bien cet ouvrage.

Je remercie aussi les collaborateurs de la dernière étape:
Michel Benoît et Benoît Turcot;
Michel Brouillette et Daniel Rodrigue, de **Micro-Boutique**;
de même que Denys Michaud, d'***Info-Lab***
- qui ont fait de moi un écrivain *informé*.

avant-propos

Je veux d'abord dire que, non seulement il est possible de prévenir ou de guérir le burn-out, de même que certaines maladies de civilisation auxquelles il s'apparente, mais qu'on sort grandi de cet exercice. Comme du reste de la plupart des crises de la vie. C'est le sens même de l'épreuve. On en sort avec le sentiment d'être mieux dans sa peau, mieux dans sa tête — plus centré. Avec le sentiment de s'être réconcilié avec soi-même.

Je vous propose donc une réflexion sur cette forme de mal-être: sur les causes extérieures, surtout psychosociales, et sur les schèmes individuels de comportement qui favorisent le burn-out; de même que sur les attitudes et certaines pratiques qui peuvent contribuer à le prévenir ou le guérir. Cette réflexion, qui permet de prendre un certain recul, de voir le phénomène et d'intervenir, représente l'essentiel d'une démarche dont l'efficacité a été démontrée.

Afin de cerner dès le départ ce phénomène de notre époque, je vous en offre une description sommaire:

❑ *au-delà de la fatigue, de certains états anxieux et dépressifs, de légers troubles d'adaptation, qui sont notre lot quotidien, le burn-out est une forme plus aiguë de mal-être qu'on rencontre surtout chez ceux qui remplissent une fonction d'encadrement dans la société ou qui jouent un rôle d'intervenant, souvent même parmi les plus productifs;*

❑ *mal-être qui se traduit par un état d'épuisement physique et psychique, causé en partie par le surmenage ou certaines conditions de travail difficiles dans un contexte physique et psychosocial exigeant, mais causé surtout par une certaine désillusion par rapport à la profession, qui se traduit par une perte d'enthousiasme au travail, un sentiment de frustration, une apathie et finit par s'étendre à la vie personnelle;*

❑ *mal-être où intervient plus spécialement une 'dimension vocationnelle' attribuée au rôle ou à la fonction de responsabilité ou d'encadrement, ou attachée à l'image de soi qu'alimente au plan conscient le désir de se dévouer et de servir les autres, mais commandée en fait par un modèle inconscient d'exigence, de réussite ou de pouvoir, qui suscite des attentes excessives suivies de déceptions accompagnées du sentiment d'être coincé dans sa vie et jusque dans son être: c'est alors qu'apparaît un certain cynisme à l'égard de l'activité professionnelle, des autres et de soi-même, moyen de défense qui cache mal l'impression douloureuse d'avoir été floué — autrement dit trompé — par la vie et de n'avoir pas été par ailleurs à la hauteur de ses propres attentes, ce qui se traduit par une diminution de l'estime de soi.*

Il est difficile dans une description sommaire de donner plus de contour à une forme de mal-être non spécifique par définition. D'autant plus que chacun vit son burn-out d'une façon personnelle, avec le plus souvent l'impression d'être un cas unique... Ce que j'en dis doit donc être considéré plutôt comme un filet de mots et de concepts grâce auquel on pourra peut-être s'en saisir...

Voici comment j'en suis venu à m'intéresser au burn-out.

Depuis plusieurs années, je m'adresse surtout en tant que communicateur à des personnes qui se recrutent parmi 1% à 3% de la population: leaders d'opinion, agents de changement, entrepreneurs, cadres d'entreprises, commis de l'État et intervenants dans divers domaines (tels que l'éducation, l'enseignement, la santé) qui remplissent une fonction d'encadrement et jouent un rôle actif dans la société.

C'est à ces personnes que je m'adresse plus spécialement dans mes livres, mes émissions de radio et de télévision, de même que dans les ateliers de croissance et de formation que j'anime à l'occasion. J'ai même parfois le sentiment de poursuivre mes recherches de vulgarisateur pour ces personnes, de digérer des informations, de les adapter et de les commenter pour répondre à leurs besoins. Qui sont aussi du reste les miens.

Or, il se trouve que c'est précisément dans ce milieu que le burn-out fait le plus de victimes.

Mais je voudrais aussi partager avec vous l'autre raison de mon intérêt pour le burn-out — ce qui me permet d'ajouter à mes propos la dimension du témoignage.

Je reconnais donc — d'ailleurs sans honte! — que j'ai moi-même traîné pendant quelques années un burn-out, dont je me sors à peine au moment où j'entreprends ce livre: un mal-être intermittent, comme l'est généralement le burn-out, que je parvenais à contrôler tant bien que mal au point de croire parfois que je m'en étais libéré, mais qui réapparaissait les jours suivants avec son poids d'épuisement et de dégoût, à travers pourtant des moments d'exaltation, je dirais même de sérénité... Curieuse contradiction qui découle du choix que nous avions fait, mon épouse et moi, de nous lancer dans une entreprise exigeante, mais aussi très gratifiante.

Car je dois ajouter que mon épouse a elle aussi traversé un burn-out... Nous avons donc cherché ensemble à comprendre ce qui nous arrivait, pour découvrir que le burn-out est difficile à cerner. Contrairement à la dépression, il peut disparaître tout à fait ou presque pendant quelque temps pour revenir au moment où on le croyait vaincu. Sa nature intermittente en fait donc une épreuve qui résiste d'autant mieux à toute intervention superficielle.

La conscience de plus en plus aiguë de cet état de mal-être devait à une époque nous inspirer de mettre fin à certaines activités qui nous paraissaient entretenir cet état.. Mais je crois nécessaire de le préciser, non pas tant à cause des efforts que ces activités exigeaient, mais plutôt à cause des motivations inconscientes qui avaient inspiré notre orientation, et des attentes surtout inconscientes que nous avions en les entreprenant et que nous entretenions en les poursuivant. Car bien souvent ce ne sont pas les activités elles-mêmes qui sont la cause de cette forme de mal-être, mais plutôt les motivations souvent obscures qui les inspirent et les attentes qui en découlent.

L'expérience démontre qu'il faut être particulièrement lucide si on veut débusquer un burn-out. À cause précisément de l'ambivalence des conditions qui le favorisent. On tire souvent, en effet, des activités qui sont l'occasion d'un burn-out ou le favorisent, à la fois gratification et frustration. Il faut donc pour s'en libérer prendre d'abord conscience de la nature particulière de cette forme de mal-être.

C'est à cet exercice, entrepris et poursuivi pour moi-même, que je vous invite.

Jacques Languirand
Montréal

SOMMAIRE

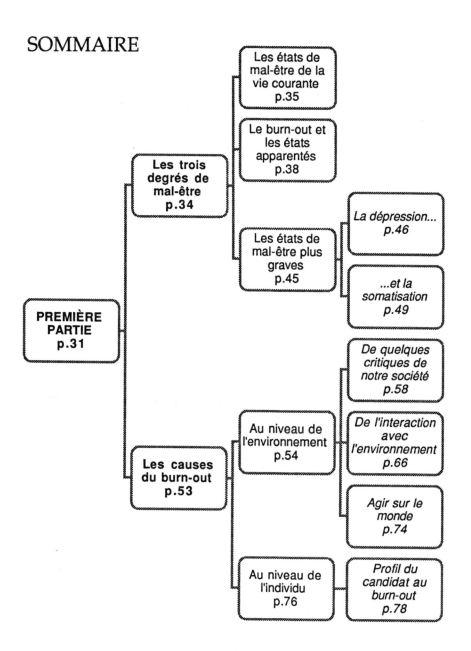

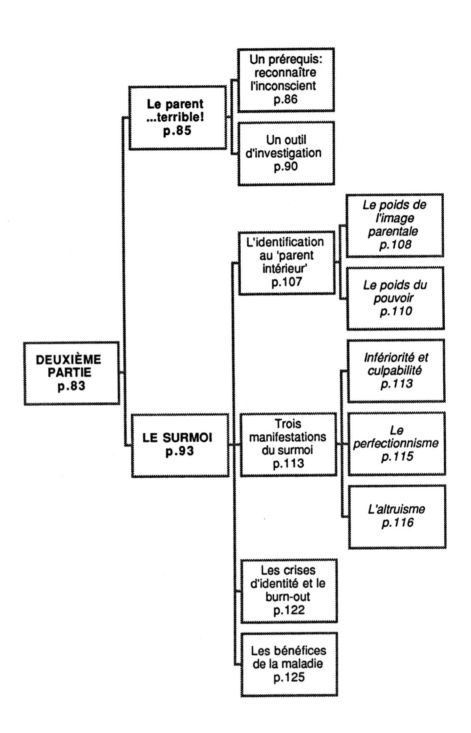

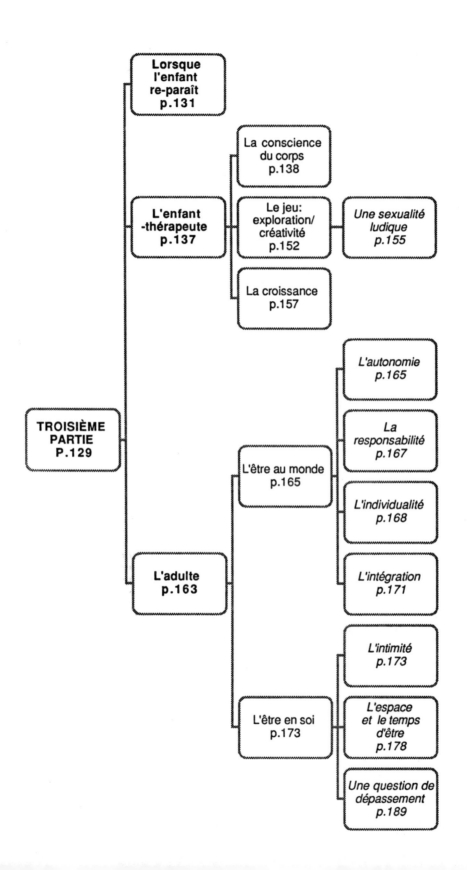

INTRODUCTION

Le burn-out n'est pas un mythe.

Depuis le début du siècle, surtout au cours des dernières décennies, de nouvelles formes de mal-être et de maladies physiques et psychiques sont apparues. À chaque époque correspondent en fait certaines formes de mal-être: elles découlent de l'angoisse de vivre — qui est de toutes les époques. L'angoisse se manifeste d'une façon particulière dans un environnement physique et psychosocial donné, compte tenu par ailleurs des conditionnements et des valeurs individuelles qui en découlent: des croyances et des attentes. Les Romantiques par exemple souffraient de mélancolie... Les formes actuelles de mal-être qu'on appelle les maladies de civilisation correspondent donc aux conditions physiques et psychosociales de notre société et au fonctionnement des individus. Ce qu'on appelle la fatigue nerveuse, le surmenage, les troubles d'adaptation, les états dépressifs, le burn-out et la dépression proprement dite, de même que certaines maladies plus graves, comme les troubles cardiovasculaires et le cancer, en passant par toute la gamme des maladies psychosomatiques — tiendrait en partie à certaines conditions physiques, mais surtout à certaines contraintes de notre société de masse à 'intégration poussée'; de même qu'à certains facteurs individuels, tels que l'épuisement des mécanismes d'adaptation soumis à un stress excessif et à des conditionnements psychiques qui remontent à l'enfance.

Dans cet ouvrage, il sera surtout question du burn-out, une maladie de civilisation parmi d'autres qui a la particularité de se rencontrer surtout chez les individus les plus productifs de la société; mais il sera aussi question des maladies de civilisation en général. Le burn-out étant une forme de mal-être non spécifique par définition, il offre l'avantage au plan de la communication de permettre de considérer à travers lui certaines des causes: physiques, psychosociales ou psychiques, qui sont communes à toutes maladies de civilisation. À ceux qui ne seraient pas encore conscients de l'importance du phénomène, je rappelle que selon une statistique de l'OMS (Organisation mondiale de la santé), dans certaines nations industrielles, une personne sur cinq souffre de dépression. (*)

«...considérer certaines des causes communes à toutes les maladies de civilisation.»

(*) N. Sartorius, Office of Mental Health, OMS, «100 millions de personnes dépressives», rapp . de congrès, Méd. Trib. 10, No 6, 1-1975.

Dans les pages qui suivent, je vais tenter de décrire le burn-out par rapport à d'autres formes de mal-être, en particulier la dépression et certaines maladies psychosomatiques ou qui découlent en partie du mécanisme de la somatisation. Mon propos vise à une meilleure intelligence de la structure qui regroupe les formes de mal-être que nous éprouvons tous plus ou moins, ou qui nous menacent tous au cours de l'existence.

Puis, je vais tenter de décrire certaines causes de ces états et en particulier du burn-out.

On peut considérer les causes de deux points de vue. Ou même de trois, si on tient compte du point de vue biologique qui se ramène à l'héritage génétique. Il est évident que chacun d'entre nous a hérité de caractéristiques qui en font un sujet plus ou moins sensible à ce qu'on pourrait définir comme la difficulté d'être. Je ne vais qu'effleurer cet aspect de la question, qui n'est pas négligeable pourtant, mais sur lequel à toutes fins utiles nous ne pouvons guère intervenir.

Les deux points de vue que je retiens sont : d'abord, celui de l'environnement physique et psychosocial, ensuite, celui du fonctionnement psychique de l'individu.

❑ Il y a beaucoup à dire sur les causes physiques et psychosociales de mal-être. Il est certain que les conditions dans lesquelles se déroule notre existence à une époque charnière entre l'ère industrielle et l'ère postindustrielle — ou 'postmoderne', pour employer une formule qui commence à s'imposer — sont particulièrement exigeantes pour les individus. Mais je tiens à préciser que ma vision de notre époque demeure positive. Avec toutes ses contradictions, ses misères et ses folies, elle est sans doute la plus intéressante qu'ait jamais connue l'humanité. Peut-être même serions-nous sur le point de franchir une étape importante de notre évolution. Mais cela dit, je constate comme tout le monde que, à l'étape actuelle, l'environnement physique et psychosocial impose à chacun d'entre nous un défi souvent difficile à relever: celui de s'adapter à un monde en transformation de plus en plus rapide. On assiste en particulier depuis quelques années à un véritable éclatement des valeurs et au brouillage des repères. Ce qui représente une menace pour l'équilibre de chacun d'entre nous.

Ce regard sur l'environnement physique et psychosocial devrait nous inspirer de contribuer le plus possible à la transformation du monde dans lequel nous vivons afin de le rendre plus humain; et nous inspirer, au plan individuel, des attitudes nouvelles et des comportements différents dans notre interaction avec ce monde de plus en plus complexe.

Il faut donc accorder une grande importance aux causes extérieures qui favorisent le burn-out et, en général, les maladies de civilisation. Il y aurait même encore beaucoup à dire sur les conditions de travail tant physiques que psychologiques, voire même administratives et syndicales...

❑ Mais c'est le point de vue psychologique qui retient davantage mon intérêt.

«... le point de vue psychologique retient davantage mon intérêt.»

Je veux surtout parler de l'individu, de la psyché et de ses mécanismes, de la difficulté d'être heureux, de l'importance de voir sa souffrance pour s'en libérer relativement, de la façon de prévenir le burn-out ou d'en sortir — et d'en sortir grandi; de la nécessité de croître et de l'occasion qui s'offre de faire du burn-out, comme de la plupart des maladies de civilisation, une occasion de croissance.

Au début d'une démarche qui vise à prévenir le burn-out, il est essentiel d'identifier cette souffrance et de la reconnaître. Ce qui suppose un certain courage, car on n'aime pas s'avouer une 'faiblesse', surtout d'ordre psychique. En particulier les hommes —les mâles de l'espèce ! — pour qui toute difficulté de cet ordre apparaît comme l'aveu d'un échec et non pas comme un simple accident de parcours — encore moins comme une épreuve nécessaire pour grandir...

Il se trouve qu'identifier clairement et reconnaître en soi la présence d'un état de mal-être — qu'on éprouve pourtant, mais d'une manière confuse — est souvent difficile, et plus particulièrement sans doute dans le cas d'un burn-out. Et ce, pour deux raisons qu'il me paraît d'autant plus important de préciser que cet exercice va nous permettre de poursuivre la description de cette forme de mal-être:

«... le burn-out est essentiellement 'vocationnel'.»

❏ Tout d'abord, le burn-out est essentiellement 'vocationnel'. Je veux dire qu'il atteint surtout des gens dont l'orientation profession-nelle tient de la vocation; qui ont choisi telle ou telle profession, en partie du moins, pour l'image qu'ils s'en font, comme par exemple pour l'occasion qu'elle offre d'animer et de motiver les autres, de les diriger et de les encadrer, en particulier dans le monde de l'action et des affaires; ou encore de les aider, les éduquer, les soigner... Mais je ne voudrais pas faire de ces candidats au burn-out des altruistes purs — ce qui n'existe pas. Le principal moteur de la vie demeure l'estime de soi. On agit toujours, quoi qu'on dise, en vue d'une certaine gratification... Que ce soit dans une activité professionnelle qui s'y prête ou encore à travers l'attitude adoptée dans l'ac-complissement d'une tâche quelle qu'elle soit — je pense ici plus spécialement à la mère de famille.

Il se trouve que ces candidats au burn-out, du fait de l'image d'eux-mêmes qu'ils entretiennent, n'acceptent pas volontiers d'être en manque. À leurs yeux, ce sont les autres qui ont besoin d'être encadrés, pris en charge ou aidés. Et reconnaître qu'eux-mêmes souffrent d'un burn-out revient à leurs yeux à un aveu d'échec.

❑ La seconde raison de la difficulté qu'on éprouve à identifier et à reconnaître la présence de cette forme de mal-être tient à ce qu'on appelle en psychologie le 'surmoi', cet aspect de la psyché qui représente en chacun de nous le parent intérieur.

Cette fonction psychique n'existe pas à la naissance. Elle se forme au fur et à mesure que se définit l'être social à la faveur de l'interaction avec les autres, en particulier avec les personnes en autorité, donc surtout avec les parents ou leurs substituts. La fonction du surmoi comprend les interdits: ce qu'il ne faut pas faire ou ne pas être; mais aussi les modèles: ce qu'il faut faire ou être pour se sentir accepté par les autres, pour avoir sa place et pouvoir agir. Bref, pour être quelqu'un! Ce sont en fait les fondements d'un système de valeurs qui nous sont communiqués dans l'enfance: un véritable code d'éthique et de morale qui va influer sur l'orientation et déterminer en partie les attitudes et les comportements au cours de l'existence. Autrement dit, une forme de conditionnement, à travers des messages explicites ou implicites, selon lesquels par exemple il est bien de jouer tel rôle, de remplir telle fonction — ou encore... inacceptable de souffrir d'un burn-out!

Or, les candidats au burn-out sont le plus souvent des personnes chez qui le parent intérieur est particulièrement fort. C'est lui qui suggère, voire même détermine un fonctionnement incompatible avec la faiblesse. Et le burn-out représente précisément un état inconciliable avec l'image de soi qu'entretient leur surmoi. Pour le parent intérieur, il ne faut pas se plaindre, mais aller de l'avant... C'est pourquoi il est si difficile pour ces candidats au burn-out de reconnaître qu'ils sont menacés ou qu'ils souffrent d'un burn-out. Or, le refus de reconnaître qu'on souffre d'un burn-out ou qu'on est menacé par cet état de mal-être représente souvent le plus grand obstacle sur la voie de la guérison ou de la prévention.

Une meilleure intelligence de cet aspect du fonctionnement psychique que représente le surmoi offre d'autant plus d'intérêt qu'il entre souvent pour beaucoup, non seulement dans le burn-out proprement dit, mais aussi dans divers états de mal-être physiques, psychiques ou psychosomatiques, autrement dit dans la plupart des maladies de civilisation que favorisent toujours les pressions du parent intérieur — quand elles ne les créent pas!

Bien que l'individu ne porte pas seul la responsabilité de ses états de mal-être, qui doivent beaucoup à l'environnement physique et psychosocial, je dirais qu'en général on ne fait pas une place assez grande à l'explication psychologique.

Nous allons ensuite examiner certains moyens de prévenir ou de guérir le burn-out.

Il est devenu urgent de transformer l'environnement physique et psychosocial, en particulier de réduire les structures trop normatives d'un système social à intégration poussée, pour le rendre moins pathogène en mettant l'accent sur la qualité de vie des individus.

«...redéfinir les attitudes et les comportements...»

Il est aussi très important, au plan individuel, de redéfinir les attitudes et les comportements par rapport à l'environnement psychosocial, en insistant tout particulièrement sur une plus grande autonomie de l'individu à l'intérieur du système. C'est l'autonomie qui permet de passer d'une adaptation par la soumission à une adaptation par l'action qui, seule, favorise l'épanouissement de l'individu.

De l'être au monde, je veux parler ensuite de l'être en soi. Il revient à l'individu d'examiner le rapport des différents aspects de son psychisme et en particulier de se redéfinir en fonction, non plus du surmoi, mais du moi. Cette démarche qui consiste à se retrouver dans son être n'a rien d'égoïste ou de narcissique. Elle permet au contraire de se déterminer davantage en tant qu'être autonome. Car il faut devenir plus autonome, non seulement par rapport au monde et aux autres, mais surtout par rapport à certains aspects de son psychisme. En particulier, il faut se libérer relativement des patterns de fonctionnement déterminés par le surmoi. C'est ainsi qu'on passe davantage au contrôle de sa vie.

Mais cette démarche suppose d'effectuer un rétablissement qui consiste essentiellement à se redéfinir en fonction de son être véritable et de ses priorités. Autrement dit, de se recentrer. Seul un être centré en lui-même est capable d'une vision juste et de l'attitude juste qui en découle.

«...faire d'une crise de la vie une occasion de croissance.»

Ce qui permet, non seulement de prévenir et de guérir un burn-out, mais de faire d'une crise de la vie une occasion de croissance.

Cette réconciliation avec le moi ramène la joie de vivre.

Car la vie est essentiellement érotique — dans le sens d'évolution, de croissance et de dépassement. La mort, il est vrai, nous habite aussi: on la ressent du reste dans certains états de mal-être. Il n'y a pas de doute que ces états sont un flirt avec les instincts de mort, avec les forces de réduction et de destruction qui sont en chacun de nous.

Renouer avec l'Éros, c'est libérer la vie.

Mais comment trouver de la joie à créer sa vie, à participer consciemment à la création de sa vie au lieu de la subir, si l'existence au jour le jour paraît une corvée?

Le burn-out peut devenir une occasion d'inventer à son propre usage un nouvel art de vivre.

Mais les techniques d'éveil et les pratiques de vie saine, pour importantes qu'elles soient, ne suffiront pas à vous libérer de cet état de mal-être. Aller marcher dans la nature, faire de l'exercice — toutes ces pratiques peuvent être utiles ou même nécessaires. Ou encore la relaxation, le taï-chi... Et sans doute vous faudra-t-il recourir à certaines d'entre elles selon votre tempérament ou vos intérêts personnels. Comme aussi à l'occasion de passer une soirée en bonne compagnie ou de faire une sortie intéressante... Mais pour se libérer d'un burn-out, ces pratiques et ces occupations de loisir doivent prendre appui sur une prise de conscience qui passe nécessairement par une démarche.

Sans une redéfinition lucide de ses rapports avec l'environnement physique et surtout psychosocial, et une réévaluation de ses priorités en fonction du moi, les nouvelles attitudes face au travail, les techniques d'éveil et les pratiques d'un art de vivre risquent de s'imposer comme une charge additionnelle — comme un nouveau diktat du parent intérieur.

Si de marcher dans la nature, pour prendre cet exemple, vous paraît une obligation, c'est peut-être que vous avez perdu le contact avec quelque chose d'essentiel en vous... Il faut alors vous demander s'il vous arrive parfois de faire quelque chose qui ne vous paraisse pas une obligation. Avez-vous au moins **une** occupation que vous ne considérez pas comme un devoir?

« J'en arrive à penser que si le burn-out n'existait pas, il faudrait l'inventer!...»

J'en arrive à penser que si le burn-out n'existait pas, il faudrait l'inventer!... Pour ce qui est du moins de l'occasion qu'il représente de faire le point et de repartir plus centré, réconcilié avec soi-même; et en particulier de redéfinir son rapport au monde sur les plans professionnel et personnel afin de trouver entre les deux un nouvel équilibre, puisque c'est souvent à la charnière de ces deux aspects du fonctionnement que se trouve cette difficulté d'être.

Le burn-out peut exiger quelques mois de réflexion et de travail sur soi, parfois même davantage. Bien qu'il arrive aussi qu'on franchisse cet obstacle tout d'un coup, comme s'il suffisait pour ainsi dire de se retourner sur soi-même pour que se transforme la vision qu'on avait de l'existence et de son rapport au monde; pour que se révèle le sens caché de la vie — qui est essentiellement une occasion de croissance et de dépassement.

Mais il ne faut pas chanter victoire trop vite. Car le burn-out, comme je l'ai déjà signalé, est de nature intermittente. Il s'en va, il revient... On peut le traîner toute une vie comme un boulet. Il peut même finir par s'imposer comme une dimension de soi.

Ce qui suppose de prendre le burn-out au sérieux. Non seulement il peut assombrir toute une vie, mais il arrive qu'il se transforme en dépression ou favorise certaines maladies au plan physique en diminuant les défenses de l'organisme. On doit donc aussi considérer le burn-out de l'autre point de vue: non plus comme l'effet de différents facteurs, mais lui-même comme une cause de maladies plus graves. On sait aujourd'hui que les conditions psychiques négatives jouent un rôle déterminant dans l'équilibre physique.

«...le burn-out non plus comme l'effet de différents facteurs, mais comme une cause de maladies plus graves.»

La vie apparaît comme un labyrinthe. Chaque étape nous rapproche un peu plus du centre. Mais, à chaque étape, on a l'impression d'un éclatement de la structure de l'être, comme si tout à coup les divers aspects n'en étaient plus intégrés... C'est alors qu'on doit procéder à une nouvelle intégration, avant de poursuivre son cheminement dans le labyrinthe — jusqu'au prochain éclatement... Et ainsi de suite.

À chaque étape, on doit s'adapter à des conditions différentes et à de nouvelles priorités, et retrouver son équilibre.

Car tout est changement. Il n'y a de permanent que le changement.

Le burn-out, que favorise souvent une difficulté d'adaptation à la réalité mouvante, exige pour s'en libérer qu'on fasse de cette résistance une occasion de croissance et de dépassement.

C'est avant tout une question de motivation. Toute démarche dépend principalement de la motivation de celui ou celle qui l'entreprend et la poursuit.

PREMIÈRE PARTIE

La démarche que je vous propose
comporte trois étapes.

La première consiste en une tentative de définition du
burn-out et des maladies de civilisation apparentées,
de leurs causes et de leurs effets.

L'expérience démontre qu'il est salutaire
de cerner de près toute forme de mal-être
pour la prévenir ou s'en libérer.

Il s'agit en somme de démonter
le mécanisme du burn-out
afin de l'exorciser.

Les trois degrés de mal-être

On peut dire qu'il existe trois degrés de mal-être dont le second est le burn-out.

La grille que je vous propose a pour objet de permettre une vue d'ensemble des états de mal-être. Mais il faut se rappeler que dans la réalité les divisions entre les différents degrés ne sont pas aussi tranchées; et ne pas perdre de vue par ailleurs que toute forme de mal-être psychique a une répercussion au plan physique et vice versa.

On peut se représenter ces trois degrés de mal-être comme suit:

❑ les états de mal-être de la vie courante,

❑ le burn-out proprement dit

❑ et les états plus graves.

Ce troisième degré comporte lui-même deux aspects, selon que le mal-être se définit ou évolue vers le plan psychique ou vers le plan physique, qui sont:

◆ la dépression

◆ et la somatisation grave.

34

LES ÉTATS DE MAL- ÊTRE
DE LA VIE COURANTE

Le premier degré comprend la fatigue récurrente, les états dé-pressifs et les troubles d'adaptation mineurs, certaines maladies telles que le rhume et les allergies où intervient souvent une dimen-sion psychosomatique, bref les petites misères de la vie de tous les jours, d'origine physique et/ou psychique.

Il faut retenir en effet que certains états de mal-être peuvent être causés par un déséquilibre d'ordre organique. Il est donc utile de s'interroger sur les habitudes alimentaires, les conditions de travail, les occupations de loisir, le sommeil... Et de considérer les ré-percussions possibles sur l'organisme de mauvaises habitudes de vie et de certaines conditions négatives. L'absence d'exercice en particulier est souvent à l'origine de la fatigue et de certains états dépressifs.

Pour ce qui est des causes psychologiques, elles sont tellement diverses qu'on est pris de vertige à la pensée d'en proposer un aperçu. La plupart des gens entretiennent par exemple des rapports tendus avec certains proches, qui sont souvent à l'origine de leur épuisement; ou prolongent des situations qui sont une source d'é-motions et de pensées négatives qui les vident de leur énergie; ou encore cultivent un sentiment de culpabilité ou d'infériorité qui ali-mente leur vulnérabilité... Mais comme les effets à ce degré en sont encore relativement tolérables, la plupart composent donc jour après jour avec ces états.

Bien qu'il paraisse souhaitable de se libérer le plus possible de ces états de mal-être qui empoisonnent l'existence, l'observation la plus élémentaire permet de constater que rares sont ceux qui parviennent à exercer un contrôle optimum sur leur vie. Pourtant, l'expérience démontre qu'un travail sur soi, de même qu'une ré-flexion sur ses habitudes et ses conditions de vie, ainsi que sur la qualité de ses rapports avec les autres, permettent toujours de se libérer au moins relativement de ces états. Il est donc important de prendre conscience des causes de ces divers états de mal-être et d'exercer une certaine vigilance. Sans compter que le moindre progrès dans ce sens rend déjà la vie plus agréable. Ce qui devrait nous inciter à investir davantage de temps et d'énergie dans une démarche qui assure un plus grand contrôle sur la vie.

Mais il demeure, quoi qu'en disent les 'pontifes' à tout crin, qu'il est difficile de ne pas être affectés par l'annonce d'une mauvaise nouvelle... Surtout s'il pleut ce jour-là et qu'on n'aime pas la pluie ou qu'on a oublié son parapluie... L'équanimité devant les événements et les circonstances de la vie exige une adaptation continuelle: de retrouver pour ainsi dire son équilibre d'un instant à l'autre... Ce qui suppose une démarche à long terme.

«Il s'agit de s'adapter continuellement à une situation mouvante. La vie n'est pas statique, mais dynamique.»

Le principe en est simple pourtant. Il s'agit de s'adapter conti-nuellement à une situation mouvante. La vie n'est pas statique, mais dynamique. Dans l'univers tout est toujours en transformation — en train de devenir. Et l'équilibre se trouve dans le mouvement: dans l'acceptation de *ce qui est* et l'adaptation au changement — à ce qui devient. Afin de toujours vivre dans l'instant présent... Simple à dire en effet, mais pas facile à vivre!

C'est en quoi, du reste, consiste le stress. Il n'y a pas comme tel de bon ou de mauvais stress. Le stress est un mécanisme d'a-daptation. Le corps s'adapte au froid, au chaud. Un changement de température est donc pour le corps une occasion de stress. Ou c'est une nouvelle, bonne ou mauvaise: cette fois c'est au plan psychique qu'on est interpellé. On éprouve alors une émotion, positive ou négative, avec ses effets aux plans physique ou psychique. L'équilibre — les biologistes parleraient de l'homéostasie — dépend de ce mécanisme d'adaptation. Mais lorsqu'on parle du stress, il est important de préciser qu'il s'agit, non seulement des effets du stress causé par les conditions extérieures, physiques et psychosociales, mais aussi et surtout des effets du stress causé ou entretenu par les attitudes et les comportements, par suite de l'interprétation consciente ou inconsciente des faits. Le stress ne peut être compris que si on le considère à la fois de ces deux points de vue. La capacité de s'adapter est très différente d'une personne à l'autre. Chacun doit vivre en tenant compte de sa propre capacité d'adaptation et développer par ailleurs des attitudes et des comportements, par suite encore une fois de son interprétation consciente ou inconsciente des événements, des cir-constances et des conditions, de manière à augmenter son adaptabilité. Jusqu'à un certain point, le stress est facteur de stimulation; au-delà, il devient facteur d'inhibition. Ce point n'est pas le même pour tous... Et surtout il peut être déplacé. Le mécanisme d'adap-tation, qui par définition est inconscient, gagne beaucoup à être renforcé par la volonté consciente de s'adapter. C'est pourquoi d'ail-leurs la libération relative des états de mal-être de la vie courante apparaît bien souvent comme l'effet d'une démarche plus générale en fonction d'une conscience élargie.

En résumé, la fatigue causée par les soucis, les tensions de la vie personnelle et professionnelle, les insomnies occasionnelles, les maux de tête, les douleurs musculaires et certains états dépressifs — tout cela fait partie de la vie de tous les jours! Malgré les ratés occasionnels du système personnel d'adaptation, on finit en général par surmonter le quotidien comme il se présente, c'est-à-dire au jour le jour. Il s'agit donc de 'vivre avec' si on pense qu'on n'y peut rien changer. Mais il suffirait bien souvent pour améliorer son sort d'une certaine hygiène de vie: une meilleure alimentation, se ménager des temps de repos, faire de l'exercice. Autrement dit, d'investir un peu de temps et d'énergie pour se rendre la vie plus facile et faire du quotidien une occasion de croissance.

Tel est même le sens de la vie.

«Le mécanisme d'adaptation gagne beaucoup à être renforcé par la volonté consciente de s'adapter.»

LE BURN-OUT
ET LES ÉTATS APPARENTÉS

Bien que non spécifique par définition, le burn-out est une forme de mal-être plus définie que celles du premier degré, donc plus difficile à vivre; et qui requiert, non seulement plus d'efforts conscients pour s'en libérer, mais souvent des choix plus exigeants. Le burn-out pourtant n'est pas un état grave et ne doit pas être considéré comme une maladie.

Ce n'est pas non plus une dépression. Dans le burn-out, on peut encore jongler pour ainsi dire avec ses états dépressifs qu'on en vient parfois à prendre pour des manifestations de son caractère. Après quelques années, il peut même devenir comme une seconde nature. On en vient alors à l'expliquer, voire même à le justifier. La victime d'un burn-out pourra même s'étonner qu'on lui parle de se libérer d'un état qu'elle considère comme sa vision du monde et d'elle-même... C'est un peu comme si on lui suggérait de sortir d'elle-même!

C'est que le burn-out ne se manifeste pas du jour au lendemain. Il évolue lentement: il est l'aboutissement d'un processus dont les symptômes ne sont d'ailleurs pas toujours évidents. Il peut mettre jusqu'à deux ou trois ans à s'imposer. Moins envahissant que la dépression, il se manifeste de façon plus insidieuse. Les moments de répit que laisse le burn-out donnent souvent à penser qu'on en est libéré. On passe même parfois d'une période d'épuisement et d'insatisfaction à une période d'enthousiasme — mais jamais pour longtemps... C'est du reste à cause de sa nature intermittente, qui est un aspect très important du burn-out, qu'on peut le traîner toute une vie avec des hauts et des bas, sans jamais parvenir à s'en libérer vraiment.

Le burn-out se manifeste le plus souvent par suite d'une exposition prolongée à un stress, généralement d'ordre professionnel. Mais il découle tout autant — et ce point est très important — des attitudes, des comportements et des attentes qu'on entretient tant au plan professionnel que personnel, et de l'interprétation consciente ou inconsciente des événements, des circonstances et des conditions. Pour prévenir ou guérir le burn-out, on doit donc procéder à un examen de sa vie, mais aussi à une évaluation de son propre fonctionnement. Tout dépend de l'adaptabilité de l'individu aux événements, aux circonstances et aux conditions, et à leur évolution; mais aussi de sa capacité de se libérer — au moins relativement — des conditionnements dont il a été l'objet qui déterminent son interprétation des faits. Ces conditionnements sont très souvent à l'origine d'attitudes exigeantes par rapport à soi et d'attentes excessives par rapport au monde et à la vie en général. Plus on maintient de telles attitudes et on entretient de telles attentes, plus on est susceptible de faire un burn-out.

Il n'est donc pas juste de définir le burn-out comme 'une exposition continue au stress dans le travail'. Cette simplification s'inscrit dans la tendance de notre époque à mettre l'accent sur les facteurs socioculturels plutôt que psychologiques. Il est plus simple en effet de voir la cause des états de mal-être à l'extérieur plutôt qu'à l'intérieur — surtout à l'intérieur de soi... Bien qu'il y ait beaucoup à dire sur les causes extérieures de burn-out, il demeure que nous avons dans l'enfance accueilli avec une sensibilité différente les messages implicites ou explicites de l'autorité: véritable conditionnement qui se traduit par des attitudes, des comportements et des attentes qui déterminent en partie la capacité d'adaptation de chacun de nous.

Du fait de son absence de spécificité, le burn-out peut se manifester de façons très diverses. Ce que j'en dis ne s'applique donc pas nécessairement à tous les cas. Il s'agit pour chacun de saisir au passage les informations susceptibles d'éclairer sa propre condition.

«*C'est à cause de sa nature intermittente, qui est un aspect très important du burn-out, qu'on peut le traîner toute une vie...*»

39

Le burn-out est ressenti à la fois au niveau physique: on éprouve par exemple une fatigue chronique dont on ne parvient pas à se tirer; et au niveau psychique: à travers en particulier des pensées et des émotions négatives qu'on entretient par rapport au monde et par rapport à soi.

Il entre dans le burn-out un certain désabusement face au monde. En même temps qu'un sentiment d'impuissance devant la tâche à accomplir — "... je n'y arriverai jamais!" – ou devant les situations qui se présentent et sur lesquelles on projette son propre état de mal-être — "... à quoi bon, puisque c'est toujours à recommencer". On éprouve aussi un sentiment d'inutilité: tout effort paraît vain. On a l'impression de passer sa vie à pelleter du sable: quelque énergie qu'on y mette, le trou se remplit au fur et à mesure...

Mais il entre surtout dans le burn-out un certain désabusement par rapport à soi, qui s'exprime par une autocritique culpabilisante. Le burn-out représente en fait un flirt avec la dépression. L'évaluation de soi n'est pas aussi négative que dans la dépression: il n'est pas encore question par exemple de retourner son agressivité contre soi. Mais on trouve déjà un peu de cette attitude autodestructrice dans le burn-out. L'autocritique peut devenir sévère, voire même amère. Elle représente en général un symptôme important de burn-out. À un stade plus avancé, on pourra en venir à se percevoir comme un raté. Le regard sur soi qu'inspire le burn-out est peu réaliste et surtout peu constructif. On éprouve en général le sentiment de n'avoir pas tenu ses promesses. Le plus souvent, au plan professionnel d'abord. Mais je devrais dire: au plan 'vocationnel', car il s'agit plutôt ici de l'image qu'on se fait de la fonction ou du rôle auquel on cherche à s'identifier que de la tâche elle-même. Cette image s'est formée dans l'enfance à partir de messages de l'autorité devenus des conditionnements qui se traduisent par des attitudes et des comportements exigeants, de même que par des attentes excessives par rapport à cette fonction ou ce rôle, qu'on entretient souvent sans s'en rendre compte. Cette autocritique est d'autant plus sévère qu'elle n'émane pas du moi mais du surmoi, autrement dit du parent intérieur en chacun de nous.

Les candidats au burn-out s'identifient en grande partie à ce parent intérieur qui exige qu'on se comporte en fonction de ses attentes, comme il se comporterait lui-même; ou encore comme l'enfant docile qui cherche à lui plaire. On n'est jamais, quoi qu'on fasse, à la hauteur des attentes du parent intérieur.

De la vie professionnelle, la difficulté s'étend à la vie personnelle. Au moment où insatisfait au plan professionnel, ne tirant plus du travail ce qu'on en espérait — autrement dit, déçu dans ses attentes parentales — on se tourne vers la vie personnelle, c'est bien souvent pour découvrir que la situation a aussi évolué sur ce plan sans qu'on s'en soit rendu compte. La vie personnelle n'est plus ce qu'elle était, ou ce qu'on a cru qu'elle était, ou encore ce qu'elle pourrait être: soit qu'on éprouve un grand isolement, soit qu'on découvre que le conjoint, dans le cas d'un couple, est devenu un étranger... C'est alors qu'entre une vie professionnelle et une vie personnelle également insatisfaisantes, on éprouve le sentiment de ne plus savoir où aller: d'être pour ainsi dire coincé, non seulement par rapport aux conditions extérieures de sa vie, mais aussi par rapport à soi. Et on éprouve devant la vie une désillusion, une lassitude, qui se traduit par de l'impatience, de l'irascibilité, voire même une forme de cynisme.

«... *on éprouve le sentiment de ne plus savoir où aller. . . »*

Lorsque le cynisme apparaît, on peut dire que le burn-out a triomphé! Le cynisme s'exerce aussi bien par rapport au service professionnel qu'à l'endroit de ceux qui en sont l'objet: comme par exemple les élèves auxquels j'enseigne, mais que j'enverrais volontiers promener — et les parents avec! Ou encore, les vieillards que je soigne, mais auxquels j'imposerais volontiers l'extrême-onction... Et dans le cas d'un cadre d'entreprise, à l'endroit du personnel que je dirige et de la clientèle: ce qui peut se traduire par un désintérêt pour le fonctionnement de l'entreprise, la qualité du produit proposé ou du service dispensé. Dans tous les cas, il y a réduction au strict minimum des obligations à l'égard des autres. J'ai pu observer dans le cas d'une secrétaire d'administration que le cynisme se traduisait chez elle par une forme d'agressivité passive qui consistait à retarder inconsciemment la marche des dossiers. Ou encore, si on remplit une fonction d'encadrement social, le cynisme peut se traduire par une certaine désinvolture à l'endroit du public... Cette attitude négative est d'autant plus significative qu'elle s'oppose et contredit les attitudes et les comportements dictés par le parent intérieur. Ce qui est une source de conflits psychiques qui se traduisent par une souffrance.

Je rappelle donc, en résumé, la description sommaire que je faisais du burn-out dans l'avant-propos:

☐ au-delà de la fatigue, de certains états anxieux et dépressifs, de légers troubles d'adaptation, qui sont notre lot quotidien, le burn-out est une forme plus aiguë de mal-être qu'on rencontre surtout chez ceux qui remplissent une fonction d'encadrement dans la société ou qui jouent un rôle d'intervenant, souvent même parmi les plus productifs;

☐ mal-être qui se traduit par un état d'épuisement physique et psychique, causé en partie par le surmenage ou certaines conditions de travail difficiles dans un contexte physique et psychosocial exigeant, mais causé surtout par une certaine désillusion par rapport à la profession, qui se traduit par une perte d'enthousiasme au travail, un sentiment de frustration, une apathie et finit par s'étendre à la vie personnelle;

☐ mal-être où intervient plus spécialement une 'dimension vocationnelle' attribuée au rôle ou à la fonction de responsabilité ou d'encadrement, ou attachée à l'image de soi qu'alimente au plan conscient le désir de se dévouer et de servir les autres, mais commandée en fait par un modèle inconscient d'exigence, de réussite ou de pouvoir, qui suscite des attentes excessives suivies de déceptions accompagnées du sentiment d'être coincé dans sa vie et jusque dans son être: c'est alors qu'apparaît un certain cynisme à l'égard de l'activité professionnelle, des autres et de soi-même, moyen de défense qui cache mal l'impression douloureuse d'avoir été floué — autrement dit trompé — par la vie et de n'avoir pas été par ailleurs à la hauteur de ses propres attentes, ce qui se traduit par une diminution de l'estime de soi.

En principe, on peut se tirer seul — ou presque — d'un burn-out. Je veux dire qu'il n'y a pas nécessairement lieu de faire appel à la psychothérapie ou à la médecine: je pense ici à une analyse ou à la chimiothérapie. Les victimes d'un burn-out conservent en général un certain contrôle de la situation et d'elles-mêmes. Le burn-out s'en prend le plus souvent du reste à des personnes d'un niveau de conscience assez élevé pour entrevoir leur état de mal-être, et qui sont généralement assez bien informées pour trouver les moyens de se prendre en main. Une démarche consciente pourra donc le plus souvent leur suffire pour sortir de cette impasse. Mais cette démarche devra comporter un examen — seul ou avec d'autres — des conditions et des habitudes de vie professionnelles et personnelles, ce qui devra parfois se traduire par leur remise en question, de même que par la pratique d'un art de vivre; elle devra aussi comporter une interrogation sur les conditionnements dont on a été l'objet dans l'enfance, de même que sur les attentes qui en découlent sur tous les plans, afin de devenir aussi transparent que possible à soi-même; enfin, elle devra comporter une redéfinition de ses priorités — ce qui dans certains cas pourra entraîner des décisions importantes.

La prévention ou la guérison du burn-out passe par une réconciliation avec le moi. On peut donc dire que tout ce qu'on entreprend pour soi a de grandes chances de réussir. Ce qui importe, ce n'est pas tellement ce qu'on fait, mais surtout qu'on le fasse pour soi. Je dirais même que tout peut réussir — ou presque. La réussite dépend moins des techniques ou des pratiques que de la détermination de l'être à investir dans cette démarche de réconciliation — autrement dit, de sa motivation.

C'est ainsi que le burn-out peut devenir une occasion de croissance.

«En principe, on peut se tirer seul — ou presque — d'un burn-out.»

Selon Pines, Anderson et Kafry, dans leur livre «Burn-out: From Tedium to Personal Growth» - en français: «Se vider dans la vie et au travail» (Actualisation, Le Jour), même si la durée, la fréquence et les conséquences ne sont pas toujours les mêmes, l'épuisement et la lassitude dans le burn-out se présentent sur trois plans:

• La fatigue physique

Diminution de l'énergie. Fatigue chronique. Affaiblissement. Ennui.
Propension aux accidents et aux maladies.
(Système de défense relativement bas).
Migraines et même nausées. Tensions musculaires aux épaules et au cou, parfois accompagnées de douleurs dorsales. Souvent les habitudes alimentaires changent. De même que le poids.

• La fatigue émotionnelle

Sentiment de découragement, d'impuissance, de détresse.
Sensation d'être coincé, comme pris au piège — *«l'inhibition de l'action»* dont je parle plus loin.
Parfois, accès de larmes subits et incontrôlables.

• La fatigue mentale

Attitudes négatives vis-à-vis du travail, de la vie en général et de soi-même.
On en vient souvent à se considérer comme incompétent, incapable, inférieur.
Sentiment d'impuissance.
Souvent sur la défensive, on se découvre une froideur, une méchanceté même, dont on ne se serait pas cru capable.
Diminution de la conscience des qualités des autres. Ce qui conduit à se détacher des autres, à se replier sur soi.
Irascibilité qui s'exprime parfois dans les propos.
Perte de contrôle au travail: retard, indifférence...
Comportement au plan professionnel qui s'étend de plus en plus à la vie personnelle.

LES ÉTATS DE MAL-ÊTRE
PLUS GRAVES

Je vous invite maintenant à considérer le burn-out d'un point de vue différent, non plus comme l'effet de divers facteurs, mais lui-même comme une cause possible de dépression ou de maladies au plan physique.

L'orientation du mal-être dans un sens ou dans l'autre, psychique ou physique, ou encore dans les deux sens à la fois, ne tient pas tant à la nature de la cause elle-même qu'à l'individu: à sa personnalité et à son mode particulier d'adaptation. Ceux qui ne s'autorisent pas de faiblesses d'ordre psychique par exemple ou qui ne veulent pas les reconnaître ont souvent tendance à somatiser plus que les autres, c'est-à-dire à exprimer au plan physique, dans leur corps, leurs difficultés d'ordre psychique.

Je suis conscient de brosser un tableau qui débouche sur le pire... Mais la crainte n'est-elle pas le commencement de la sagesse? Bien que pour ma part l'important ne me paraît pas tant d'éviter le pire ou de repousser le plus loin possible l'inévitable — encore que ça ne manque pas d'intérêt! — mais plutôt de susciter une réévaluation des priorités et d'inspirer des attitudes et des interventions positives au niveau de l'environnement physique et psychosocial, comme au niveau de l'individu lui-même, qui donnent à la vie une qualité qu'elle a sans doute perdue — si tant est qu'elle l'ait jamais eue.

La dépression...

La dépression par rapport au burn-out, c'est la descente aux enfers.

C'est aussi le mot qui fait le plus peur à ceux qui souffrent de burn-out ou qui se sentent menacés. Lorsqu'on le prononce devant eux, ils sont prompts à affirmer qu'ils se portent très bien. La dépression est en effet une expérience qu'on a intérêt à éviter — quand il n'est pas trop tard.

Alors que dans un burn-out on se sent mal dans son être quelques heures par jour, quelques jours par semaine, tout en se portant relativement bien le reste du temps, mais pour retrouver plus tard son état de mal-être, la dépression nous entraîne au contraire dans un espace mental qui offre peu d'éclaircies. Pour compléter la comparaison entre ces deux formes de mal-être, j'ajouterais: alors qu'on peut généralement se libérer seul d'un burn-out, la dépression demande le plus souvent une aide extérieure; alors que le burn-out peut être surmonté en quelques mois, la dépression exige beaucoup plus de temps pour rétablir la communication entre les différents aspects de l'être éclaté... La dépression peut durer jusqu'à dix-huit mois, si on la traverse sans aide professionnelle; environ un an, si on opte pour une forme ou une autre de thérapie: psychologique, psychocorporelle ou médicale. Et alors qu'on peut trouver par ailleurs un grand nombre de thérapies, de pratiques et de techniques dans le domaine des médecines douces, parallèles ou alternatives, qui ont de grandes chances de succès dans le cas d'un burn-out, je dirais qu'elles sont rarement d'un grand secours dans le cas d'une dépression.

Je crois même important de mettre le lecteur en garde contre les intervenants venus de tous les azimuts, armés de tisanes, de suggestions et de techniques douteuses, qui ont rarement un effet durable dans le cas d'une véritable dépression. Avec la meilleure bonne volonté du monde, ces intervenants donnent souvent de faux espoirs et peuvent contribuer au contraire à prolonger la souffrance. Sans compter que les médecines parallèles — dont je me suis souvent fait publiquement l'apôtre — sont aussi devenues hélas! le lieu d'un grand nombre d'incompétents. Il faut retenir que dans le cas d'une véritable dépression, la bonne volonté ne tient pas lieu de formation. Or, le déprimé aura souvent recours à n'importe quelle technique qui n'entraîne pas de sa part une recherche en profondeur — ce qu'il cherche à éviter à cause précisément des révélations sur lui-même qu'elle risquerait d'entraîner.

Les causes de la dépression sont aussi diverses que celles du burn-out, bien que plus spécifiques: l'héritage génétique joue souvent un rôle déterminant, de même que l'environnement, les conditions de vie et les circonstances, mais aussi les conditionnements négatifs et les blocages à un stade ou l'autre de l'évolution, sans compter le fonctionnement psychique lui-même.

La cause de la dépression peut être aussi d'ordre physiologique ou neurophysiologique. Les chercheurs de l'Institut Korolinska de Suède ont récemment déterminé la présence de 5HIAA dans le liquide céphalorachidien de patients qui avaient des tendances suicidaires et homicidaires violentes. Le 5HIAA est un précurseur de la sérotonine, neuro-transmetteur qui paraît jouer un rôle important dans la dépression. On a pu observer que les accidents suicidaires surviennent précisément alors que les indices biochimiques, dont en particulier la présence du 5HIAA, sont les plus évidents. On trouve donc parfois dans la dépression un facteur physiologique ou neuro-physiologique déterminant qui peut nécessiter entre autres une chimiothérapie; alors que ce facteur est pratiquement inexistant dans le burn-out ou présent à un degré négligeable.

«La cause de la dépression peut être aussi d'ordre physiologique ou neuro-physiologique.»

Mais il existe souvent dans une dépression plusieurs causes d'origines diverses qui ont un effet synergique, se renforçant l'une l'autre à travers une interaction complexe qui rend parfois difficile d'établir une distinction claire entre les causes premières et leurs effets qui deviennent sur un autre plan des causes secondaires, etc.

Du point de vue psychologique, la dépression peut être causée par ce qu'on appelle une perte objectale: la mort du conjoint ou d'un proche, un échec dans la vie professionnelle, une mise à pied... Autrement dit, un événement qui fait éclater les repères habituels.

Mais elle peut aussi être de type narcissique: latente et plus difficile à identifier, cette forme de dépression se manifeste à l'occasion d'une crise d'identité, comme par exemple celle du milieu de la vie, alors qu'on traverse souvent une sérieuse remise en question. La dépression peut même alors actualiser les tendances suicidaires.

On peut dire qu'une personne est en dépression à partir du moment où l'autocritique, beaucoup plus impitoyable que dans le burn-out, occupe une place démesurée par rapport à l'ensemble du fonctionnement psychique: un dérèglement permet alors au système inhibiteur de dominer le fonctionnement, de sorte que l'individu en vient à retourner son agressivité contre lui-même. Le mot agressivité doit s'entendre ici au sens d'énergie vitale, de combativité, de volonté de vivre. Dans une dépression, les instincts de vie sont dominés par les instincts de mort. Et l'estime de soi est au plus bas.

En principe, il n'y a pas lieu de médicaliser systématiquement des états de mal-être du premier degré et du burn-out. Si ce n'est provisoirement. Il paraît bien préférable en effet de trouver autant que possible l'issue par soi-même. Aussi longtemps du moins qu'on peut encore remédier à ces états par un examen de ses conditions de vie et de ses priorités, et par une démarche qui passe par des techniques ou des pratiques d'hygiène de vie. Lorsque je parle de ces états et du burn-out en particulier, j'ai encore le sentiment de m'adresser comme on dit à un 'interlocuteur valable'. Mais dans le cas d'une dépression, c'est un peu comme s'il n'y avait plus d'interlocuteur. L'être se trouve en partie coupé de lui-même. On peut difficilement raisonner avec un véritable déprimé. Il faut plutôt lui permettre de canaliser ses émotions, de conscientiser et d'exprimer son agressivité. Ce qui peut exiger de remonter dans le passé pour identifier des traumatismes qui ont été refoulés — autrement dit, un travail en profondeur. D'où la nécessité d'une aide extérieure.

Lorsqu'une personne se trouve en dépression, je dirais donc que ce n'est plus de ma compétence. J'ajouterais même, à supposer que vous soyez en dépression, que ce n'est peut-être pas non plus de votre seule compétence. Sans être alarmiste, j'estime que dans le cas d'une véritable dépression, il est souhaitable d'appeler à l'aide. Et il me paraît d'autant plus nécessaire de le faire que le déprimé l'est souvent devenu inconsciemment pour tirer les avantages d'une dépression qui sont d'être provisoirement pris en charge afin de ne plus porter seul le poids de sa vie.

Si j'insiste, peut-être lourdement, sur la gravité de la dépression, c'est que le burn-out est encore souvent confondu avec la dépression. Alors que c'est dans la mesure où l'on fera aussi clairement que possible une distinction entre ces deux degrés de mal-être — ce qui n'est pas toujours facile, la démarcation entre les deux n'étant jamais aussi claire qu'on le souhaiterait — qu'on pourra sans doute intervenir plus efficacement dans le traitement de l'un et de l'autre. En particulier en évitant de médicaliser à outrance le burn-out, mais sans hésiter à recourir au contraire aux grands moyens que nous offrent la médecine et la psychologie dans le cas d'une véritable dépression.

Cela dit — et pour terminer cet exposé sur une note positive — il faut se rappeler que, dans tous les cas, la psyché tend d'elle-même vers un état de mieux-être, tout comme le corps dans les maladies physiques — jusqu'à un certain point. Il s'agit donc avant tout de ne pas nuire au fonctionnement de ce mécanisme naturel, mais plutôt de le renforcer par les moyens appropriés.

«... la psyché tend d'elle-même vers un état de mieux-être...»

...et la somatisation

Je ne serai sans doute pris au sérieux à propos du burn-out que si je parviens à démontrer que cet état de mal-être peut déboucher non seulement sur les petits maux souvent associés à la psycho-somatique, qui vont de l'eczéma à l'asthme en passant par le rhume ordinaire, mais aussi sur des maladies graves. La somatisation recouvre en fait un territoire extrêmement vaste: elle consiste à exprimer dans le corps, donc au plan physique, un trouble d'ordre psychique. Comme je l'ai dit plus haut, on retrouve des manifestations de ce mécanisme de répercussion à tous les degrés de mal-être, y compris dans le burn-out et la dépression.

Car il n'existe pas d'état d'esprit qui n'ait sa contrepartie au plan physique. L'interaction entre le psychique, dans ses aspects conscient et inconscient, et le physique est implacable. Les émotions négatives ont toujours sur le corps un effet négatif. De même que par ailleurs les pensées et les attitudes positives ont toujours un effet positif sur le fonctionnement de l'organisme. Ce que démontre en particulier l'effet placebo, alors que des 'remèdes' sans véritable valeur thérapeutique apportent malgré tout un soulagement, voire même souvent une guérison, dans la mesure où le patient est convaincu — 'dans sa tête' — de leur mérite. On peut en dire autant de certaines techniques ou pratiques. Car l'esprit joue un rôle déterminant dans la guérison comme dans la maladie.

49

Le burn-out peut donc être aussi considéré, comme je le disais plus haut, non plus comme l'effet de différents facteurs, mais lui-même comme une cause possible de maladies physiques souvent graves, parfois même mortelles.

Cette dimension est souvent négligée lorsqu'on parle du burn-out. Il est relativement facile en effet de saisir qu'un burn-out puisse devenir une dépression, mais il est plus difficile d'admettre qu'il puisse aussi causer ou favoriser une maladie au plan physique.

L'être humain est essentiellement psychosomatique: il se définit sur les deux plans. Il n'y a pas pour lui de fonctionnement sur un plan qui puisse être abstrait de l'autre. Tout ce qui est ressenti au plan psychique a une résonance au niveau du corps, comme tout ce qui est ressenti au plan physique a une résonance au niveau de la psyché. Sans doute faut-il éviter de ramener la question complexe de la somatisation à une vision trop simpliste — tout en la simplifiant. Les causes de maladies sont diverses: facteurs physiques, environnementaux et psychiques. Lorsque je parle des facteurs psychiques dans des maladies graves telles que les affections cardiovasculaires et le cancer, il ne faut donc pas perdre de vue l'existence des autres facteurs. Ces facteurs psychiques tiennent en fait à la définition même de l'individu, à son type et à son caractère, de même qu'aux conditionnements dont il a été l'objet.

À propos de facteurs psychiques, je ne parle donc pas seulement de ce qui pourrait découler du malfonctionnement d'éléments structurels — qu'on aurait d'ailleurs tendance à ramener le plus souvent au fonctionnement du cerveau; mais aussi des contenus mêmes de la psyché: des pensées, des émotions, des images mentales négatives, qui en font partie intégrante. Un mal-être comme le burn-out ne provient pas d'un malfonctionnement au niveau des éléments structurels, non plus qu'il ne le provoque, mais plutôt de difficultés au niveau des contenus: les pensées, les émotions et les images mentales négatives qui influent sur le fonctionnement de l'organisme.

Nous sommes encore, quoi qu'on dise, à une époque où les difficultés d'ordre psychique, comme aussi bien les difficultés 'situationnelles' qui découlent des conditions de travail et de divers facteurs psychosociaux, ne sont pas vraiment prises au sérieux. On ne voit pas bien le rapport qui existe entre un état de mal-être, considéré comme un simple 'état d'esprit', autrement dit comme une 'attitude mentale', et une maladie au plan physique. On associe encore bien souvent les difficultés d'ordre psychique à un aveu de faiblesse. Et comme dans les naufrages, on dira: "... les femmes et les enfants d'abord!" Nos attitudes découlent encore d'une vision matérialiste du monde et de la nature humaine: en ignorant la dimension psychique, on veut renforcer l'illusion qu'elle n'existe pas.

On doit donc prendre au sérieux les états d'esprit négatifs que nous entretenons tous plus ou moins au jour le jour et en particulier ceux qui sont associés au burn-out. Une meilleure intelligence de l'interaction du psychique et du physique est nécessaire pour vivre plus et mieux. Il est essentiel de procéder régulièrement à un nettoyage du mental, si je puis dire, et à une forme ou une autre de reprogrammation positive.

(Je parle plus loin du mécanisme biologique de l'interaction avec le milieu, qui complète le présent exposé sur la somatisation.)

Nous sommes encore, quoi qu'on dise, à une époque où les difficultés d'ordre psychique, comme aussi bien les difficultés 'situationnelles' qui découlent des conditions de travail et de divers facteurs psychosociaux, ne sont pas vraiment prises au sérieux. On ne voit pas bien le rapport qui existe entre un état de mal-être, considéré comme un simple 'état d'esprit', autrement dit comme une 'attitude mentale', et une maladie au plan physique. On associe encore bien souvent les difficultés d'ordre psychique à un aveu de faiblesse. Comme dans les naufrages, on dira: "Les femmes et les enfants d'abord..." Nos attitudes découlent encore d'une vision matérialiste du monde et de la nature humaine: en ignorant la dimension psychique, on peut renforcer l'illusion qu'elle n'existe pas.

Les causes du burn-out

On peut dire du burn-out — et des maladies de civilisation en général — qu'il se définit au niveau de l'interaction de **l'individu** et de son **environnement**; et plus précisément de l'interaction du fonctionnement psychosomatique de l'individu et de son environnement physique et psychosocial.

Tels sont les deux points de vue que nous allons maintenant examiner.

❑ D'abord, celui de l'environnement.

Il y a beaucoup à dire des causes extérieures qui découlent de l'environnement physique et psychosocial. Il est certain que notre type de société est à l'origine de beaucoup de nos états de mal-être ou les favorise. Ce qui revient à dire que l'individu n'en porte pas seul la responsabilité.

❑ Puis, celui de l'individu.

Mais l'objet de ma démarche étant surtout de communiquer certaines informations qui permettent à des individus de prévenir le burn-out ou de le guérir, je mettrai plutôt l'accent sur les causes qui se définissent au niveau du fonctionnement psychique de l'être.

Sans négliger l'effet synergique — de renforcement — de ces différentes causes les unes sur les autres.

AU NIVEAU DE L'ENVIRONNEMENT PHYSIQUE ET PSYCHOSOCIAL

Notre époque exige des individus une grande capacité d'adaptation.

«Si vous cherchez une bonne excuse pour rater votre vie, vous l'avez trouvée!»

Si vous cherchez une bonne excuse pour rater votre vie, vous l'avez trouvée! Il vous suffit en effet de mettre la faute sur l'époque, sur les conditions extérieures ou sur les autres. Et vous n'aurez pas à entreprendre une démarche qui exige un effort. Après tout, il s'agit de votre vie... Et vous pouvez en disposer comme bon vous semble.

Sans doute même en faut-il qui ratent leur vie, ne serait-ce que pour démontrer la démence d'un certain type de société. Vous aurez alors '-. consolation d'être utile du point de vue statistique. On dira de vous: "En voilà un autre! Et parmi les meilleurs... Il faut pourtant que ça change!"

Et vous aurez ainsi contribué à une prise de conscience collective qui devient de plus en plus nécessaire.

Mais vous aurez aussi, pour contribuer à en faire la preuve, raté votre vie.

En somme, c'est une question de choix.

Cela dit, la vie a toujours exigé un effort d'adaptation à la réalité mouvante. L'interaction des individus entre eux et de chacun avec l'environnement physique et psychosocial a toujours représenté un défi. La vie elle-même est un défi. Et c'est en quoi elle est passionnante à vivre! Car il s'agit pour chaque individu à toutes les époques de maintenir un équilibre dynamique, aussi harmonieux que possible, avec son environnement — comme par ailleurs avec lui-même.

Mais il faut reconnaître que certaines époques ont sans doute été relativement plus faciles à vivre que la nôtre, moins exigeantes pour l'individu au plan de l'adaptation.

Avec la révolution industrielle du XVIIIe siècle, nous nous sommes engagés dans un processus d'accélération de plus en plus rapide. En moins de deux siècles, nous sommes passés d'un type de société rurale à un type de société urbaine, de la fabrication artisanale à la fabrication industrielle, de la famille tribale à la famille nucléaire — qui a elle-même éclaté ces dernières années pour devenir parfois monoparentale. En même temps, nous sommes passés en matière d'énergie de la vapeur à l'électricité, puis à l'atome; et en matière de technologie, de la mécanique à l'électronique. Les rapports de l'être humain avec la nature se sont transformés jusqu'à représenter une menace pour toutes formes de vie sur cette planète, y compris la vie humaine. Au plan psychosocial, nous sommes passés d'une certaine stabilité des modèles et des valeurs à leur remise en question, voire même à leur éclatement. Les pressions qui s'exercent sur les individus dans une société aussi éclatée que la nôtre sont donc considérables. Ce n'est donc pas de notre part une erreur de perspective que de penser que notre époque est, non seulement différente, mais dans l'ensemble plus difficile à vivre pour les individus que celles qui l'ont précédée, du fait de l'accélération de l'évolution technologique et psychosociale.

«Les pressions qui s'exercent sur les individus dans une société aussi éclatée que la nôtre sont considérables.»

Mais je n'ai pas l'intention de donner dans la "sinistrose" pour reprendre le mot de Louis Pauwels. Je me réjouis même de vivre à une époque où les défis sont aussi grands. Car les défis représentent autant d'occasions de dépassement pour l'humanité en général comme pour les individus. Et je demeure convaincu que

55

l'humanité, à la condition de s'adapter par l'action et non par la soumission, en exerçant un contrôle plus grand sur son évolution technologique et psychosociale pourrait même franchir bientôt une nouvelle étape de son évolution. À moins que nous ne parvenions pas à relever les défis qui nous sont faits et que notre incapacité de nous adapter par l'action n'entraîne au contraire une régression... Cette éventualité ne doit pas être écartée, mais certains signes permettent de penser que nous allons franchir l'étape actuelle comme nous avons franchi les précédentes, et en sortir grandis. Mais non sans que la période de transition que nous traversons présentement, alors que nous sommes pour ainsi dire entre deux modèles de société, n'ait fait un certain nombre de victimes: c'est le coût exigé de tout temps par l'évolution. Il s'agit donc pour chacun d'entre nous de ne pas se retrouver parmi les victimes du processus d'évolution.

«... la solution pour la collectivité passe nécessairement par la solution individuelle...»

Pour l'individu, la solution paraît se trouver dans le niveau de conscience qu'il faut élever de manière à prendre une certaine distance; et dans l'aptitude à se définir, comme l'enseignent les Sages, **dans** le monde sans pour autant être **du** monde. Quant à la solution pour la collectivité, elle passe nécessairement par la solution individuelle: elle dépend de ce qu'un nombre assez grand d'individus parviennent à un niveau de conscience plus élevé pour que le phénomène ait un effet d'entraînement. Ces propos pourront paraître utopiques. Mais comme le disait Einstein à qui on reprochait précisément son utopisme, alors qu'il parlait de l'obligation qui nous est faite d'inventer une nouvelle civilisation: "Avez-vous autre chose à proposer?" Je ne vois pas non plus que nous puissions nous tirer autrement de l'impasse où nous sommes: ou nous parvenons à un niveau de conscience plus élevé, ou nous sommes appelés à disparaître... Mais les signes ne manquent pas, encore une fois, qui permettent de penser que nous sommes présentement, à travers nos crises qui sont autant d'occasions de choix, à inventer cette civilisation nouvelle.

La critique du système actuel rencontre souvent une certaine résistance. Et ce, pour plusieurs raisons. J'en retiens deux:

❏ D'abord, un certain nombre d'individus dans notre société se sont assurés une niche réelle ou imaginaire d'un confort relatif et redoutent que la critique du système ne compromette leur confort. Cette attitude serait d'ordre magique au sens primitif du terme: comme si de ne pas voir les problèmes pouvait les faire disparaître. Cette niche, on peut la considérer comme réelle dans le cas des privilégiés du système. Encore qu'on puisse se demander, dans le contexte d'un exposé sur les états de mal-être, à quel prix ces privilégiés sont parvenus à créer et à préserver cette niche; et dans quelle mesure elle pourra résister aux pressions qui s'exercent de plus en plus sur l'ensemble des structures. Mais cette niche, elle est le plus souvent imaginaire et pourrait se définir surtout comme l'effet des conditionnements d'une société de production-consommation, qui est sans doute la plus grande machine à fabriquer des illusions de toute l'histoire de l'humanité. Au point que la plupart en viennent à se considérer comme privilégiés, non pas tant par rapport à la situation réelle qui leur est faite, que par rapport à une situation imaginaire: ils cherchent donc à protéger leurs illusions (... de retraite dorée, de voyages exotiques, de gagner à la loterie!) en offrant la plus grande résistance possible à toute critique du système actuel.

❑ Mais on trouve aussi, pour expliquer cette résistance, des raisons d'un tout autre ordre dont en particulier la difficulté où nous sommes d'imaginer que les choses puissent être autrement qu'elles ne sont. Au point que l'avenir, lorsqu'on cherche à en percer le mystère, nous apparaît le plus souvent comme un temps où les conditions seront, pour certaines un peu moins que ce qu'elles sont maintenant, et pour la plupart un peu plus ou un peu mieux — mais presque jamais *autres.*

Or, pour inventer une société nouvelle, il faudra pouvoir l'imaginer *autrement.*

Ce qui reviendrait à se demander comment pourrait se définir cette société *autre*? Mais cette question, pour intéressante qu'elle soit, nous entraînerait en dehors des limites que nous impose notre démarche. Il paraît sans doute plus à propos de se demander simplement en quoi le système actuel favorise les états de mal-être, laissant à chacun le soin d'imaginer comment pourrait se définir une société *autre*, c'est-à-dire une société qui favoriserait moins les états de mal-être, et d'y contribuer.

«...imaginer une société autre qui favoriserait moins les états de mal-être, et y contribuer.»

Je vous propose maintenant un exercice qui consiste à interroger la société actuelle afin de cerner quelques-uns des facteurs physiques et surtout psychosociaux de mal-être, à partir de réflexions de quelques maîtres à penser de notre époque.

De quelques critiques de notre société

□ Dès le début du siècle, **Emile Durkheim**, le créateur de l'École française de sociologie, décrivait trois types de société: altruiste, égoïste et anomique.

L'anomie sociale, selon Durkheim, résulte en particulier de la confusion des valeurs. La collectivité vit dans l'incertitude, certains sous-groupes éprouvant même une forme de lassitude, voire de désespérance.

À la perte de cohésion sociale et aux difficultés socio-économiques associées à l'anomie correspond toujours, précise-t-il, une augmentation du nombre d'infarctus, du taux de délinquance et d'emprisonnement, de même que du taux de suicide.

On peut donc dire que le phénomène du burn-out et des maladies de civilisation en général serait en partie le fait d'une société de type anomique.

□ Pour sa part, **Konrad Lorenz**, ethnologue et Prix Nobel de biologie, parle de l'écart de plus en plus grand qui existe entre, d'une part, l'évolution de l'espèce ou évolution phylogénétique qui est pour ainsi dire suspendue depuis des millénaires et, d'autre part, l'évolution culturelle ou psychosociale qui se trouve engagée depuis moins de deux siècles, et plus spécialement depuis une cinquantaine d'années, dans un processus d'accélération tel que toutes les valeurs se trouvent remises en question dans le cours de quelques générations à peine.

Aux temps bibliques, rappelle Lorenz, l'écart culturel entre les générations était restreint: l'identification avec les ancêtres, par exemple, allait de soi. Alors qu'aujourd'hui, l'écart est de plus en plus grand et les générations deviennent de plus en plus différentes les unes des autres. Il écrit à ce sujet dans «L'homme en péril» (Flammarion): «Nul être sensé ne peut contester que notre civilisation occidentale est un système qui a perdu son équilibre...» Ailleurs: «Plus la civilisation est développée, plus l'écart se creuse entre les tendances naturelles et les exigences culturelles. Il n'est pas un être vivant dans notre civilisation qui n'éprouve aucune tension intérieure. Il y a d'ores et déjà dans les pays industrialisés une proportion dangereusement élevée d'êtres qui ne parviennent tout simplement plus à dominer cette tension et deviennent asociaux ou névrosés.» Il précise plus loin: «On peut définir le sujet souffrant de troubles psychiques comme celui qui se fait du mal ou fait du mal à la société dans laquelle il vit.»

«Il n'est pas un être vivant dans notre civilisation qui n'éprouve aucune tension intérieure.»

Encore une fois, le phénomène du burn-out et des maladies de civilisation en général paraît bien témoigner de cette tension intérieure qu'éprouveraient les individus à notre époque.

❏ Considéré comme un des maîtres à penser de notre époque, **Bruno Bettelheim**, lui, est psychiatre et psychanalyste.

Je vais m'attarder plus longuement à l'analyse qu'il fait de notre société pour la raison que certaines de ses réflexions s'appliquent parfaitement au burn-out et feront de ma part l'objet de développements.

> *«L'histoire des camps d'extermination montre que, même dans un environnement écrasant, certaines défenses procurent une protection. Le plus important consiste à comprendre ce qui se passe en soi-même et pourquoi.»*

Bruno BETTELHEIM, *Le coeur conscient*, Le Livre de poche.

Le rapprochement pourra paraître excessif, mais Bruno Bettelheim a comparé le fonctionnement de notre société industrielle et technocratique à celui des camps d'extermination nazis dont il a fait personnellement l'expérience pendant la Seconde Guerre mondiale. Dans les deux cas, il s'agirait d'une structure d'organisation qui tend à détruire tout ce qu'elle ne parvient pas à intégrer. D'où la formule qu'il emploie de *«système à intégration poussée»*. Bettelheim note plusieurs des signes de la dégradation de l'individu dans notre type de société, parmi lesquels je retiens ceux qu'on retrouve plus particulièrement dans les cas de burn-out: l'individu perd l'esprit critique, il refuse de s'intéresser à ses anciens liens affectifs, mais il est incapable d'en créer de nouveaux, et surtout il refuse d'assumer la responsabilité de ses actes.

«... le fait de refuser d'assumer la responsabilité de ses actes est un des signes les plus graves, dans toutes les circonstances, de la décomposition de la personnalité.»

Bettelheim considère le fait de refuser d'assumer la responsabilité de ses actes comme un des signes les plus graves, dans toutes les circonstances, de la décomposition de la personnalité. Dans les situations extrêmes, l'effacement (adaptation par la soumission) permet d'échapper à la responsabilité: l'anonymat apparaît alors comme un excellent système de défense. Mais il entre dans ce désir de s'effacer une volonté inconsciente de régresser dans l'enfance, de trouver par ce moyen une sécurité dans l'état de soumission enfantine. Il s'agit en fait d'un désir de dissolution dans la masse, ce qui offre l'avantage recherché, qui est précisément d'échapper à la responsabilité. Mais le prix à payer est considérable: se rendre invisible exige en effet de renoncer en partie à son individualité, de même qu'à l'initiative — qualités qui sont nécessaires pour faire face aux situations critiques.

Ce qui se passait dans les camps d'extermination, en particulier la perte de l'autonomie et la dépersonnalisation des victimes, se produirait donc, selon Bettelheim, dans toutes les sociétés à intégration poussée qu'il définit aussi comme des *«sociétés de masse à tendance totalitaire»*.

Le type de société qu'il décrit est sans doute devenu, depuis quelques années, moins monolithique. À moins qu'on ne soit en train de s'y habituer... On assiste pourtant depuis peu à un début de résistance — encore qu'elle soit bien timide par rapport à la tendance au nivellement des individus. Car la société de masse tolère difficilement qu'on soit différent de la norme, qu'on vive autrement que tout le monde, alors que la solution se trouverait au contraire dans la différence. (*) Est-il possible en effet de survivre à notre époque sans adopter les valeurs d'un système de plus en plus normatif? Or, c'est dans les choix individuels — «dans la plus grande liberté de l'homme, que se trouve le salut», comme l'affirme Bettelheim. Mais tout est ainsi conçu dans notre monde qu'il faille se conformer, adopter un fonctionnement dépersonnalisé, être coupé des racines profondes de son être — autrement dit, s'adapter par la soumission.

Je crois intéressant de parler ici des deux types d'adaptation: par la soumission et par l'action, théorie qui ne se trouve pas chez Bettelheim mais qui me paraît prolonger sa réflexion. Cette théorie est en fait plus récente et découle en particulier de recherches faites dans le domaine de la biologie. Il existe donc deux types d'adaptation. Le danger dans la société actuelle serait qu'elle pousse à une **adaptation par la soumission**, rapide et passive, au prix d'une désintégration de l'individu. L'adaptation peut donc prendre parfois une connotation négative. Alors que l'**adaptation par l'action** suppose au contraire que l'individu est en situation d'agir et de trouver sa place. (Je reviens plus loin sur cette importante distinction.)

«... la société actuelle pousse à une adaptation par la soumission, rapide et passive, au prix d'une désintégration de l'individu.»

Il n'est pas nécessaire d'être totalement dévitalisé du point de vue psychique, d'être devenu une véritable loque humaine, pour exprimer cette désintégration. Il suffit, comme c'est le cas pour la plupart d'entre nous, de céder petit à petit, insensiblement, de notre autonomie au pouvoir que représente le système. C'est dans la diminution progressive de la liberté de pensée et d'action que se manifeste d'abord cette désintégration de l'individu.

Mais il est difficile de prendre vraiment conscience de la situation qui nous est faite. Il faudrait plus de recul afin de parvenir à 'se voir dans le système'. La situation où se trouve l'individu dans le système, il la perçoit donc en général assez confusément. Il est difficile par exemple de prendre conscience que nous sommes devenus prisonniers de nos régimes de retraite. Nombreux sont ceux qui se trouvent dans l'impossibilité de se renouveler en prenant une nouvelle orientation au plan professionnel sans devoir renoncer aux avantages accumulés jusque-là... Dans quelle mesure un individu dans cette situation ne renonce-t-il pas à sa liberté d'agir et de penser? Si je choisis le régime de retraite parmi d'autres exem-

(*) Ces remarques recoupent tout à fait celles du professeur Albert Jacquard, généticien français. Voir en particulier: *L'éloge de la différence* (Le Seuil)..

ples possibles de la façon dont nous renonçons à notre autonomie, c'est que j'ai souvent rencontré chez les victimes du burn-out une lassitude par rapport à la profession ou par rapport au milieu dans lequel elles doivent l'exercer, et le désir informulable de se renouveler en prenant une orientation différente. Mais dans la plupart des cas, il n'y a guère d'issue possible. En suggérant à ces personnes de s'adapter par la soumission en renonçant à prendre une nouvelle orientation professionnelle, j'aurais l'impression de me faire malgré moi l'agent de cette société de masse totalitaire! Mais comment faire autrement, quand on sait les risques que représente un choix qui mettrait l'accent sur la stimulation au détriment de la sécurité? En leur suggérant au contraire de contester le système et d'affirmer leur autonomie, j'aurais l'horrible impression de leur ouvrir la porte... sur le vide! Et c'est ici que se trouve le noeud de la question: pour une raison ou pour une autre, tout le monde finit par se conformer, autrement dit par penser et par agir en fonction des valeurs du système — et c'est précisément en quoi il est totalitaire.

«Il demeure pratiquement impossible de ne pas se conformer au modèle que nous impose le système.»

Il demeure pratiquement impossible en effet de ne pas se conformer au modèle que nous impose le système. D'autant plus qu'il n'est pas sans avantages. Mais dans quelle mesure ne sommes-nous pas devenus incapables, à force de nous y conformer et de pousser de gré ou de force les autres à le faire, d'imaginer que ça puisse être autrement? Toute initiative originale paraît suicidaire. Et la créativité se trouve paralysée.

Le travail offre aussi un bon exemple de l'aliénation dont un grand nombre d'individus sont victimes dans une société de masse totalitaire. D'abord, le travail est rarement choisi par inclination: ce qu'on a envie de faire se trouve le plus souvent dissocié de la nécessité de gagner sa vie. Mais qu'on me comprenne bien. J'ai le plus grand respect pour le gagne-pain **quel qu'il soit**, si la tâche accomplie ou le service rendu permet de manger et de dormir sous un toit. Il faut d'abord dans l'existence assumer cette responsabilité. Mais il s'agit ici, comme je l'explique plus loin, de la satisfaction de besoins primaires. Alors que l'estime de soi découle plutôt de la satisfaction de besoins d'un ordre plus élevé et suppose que le travail auquel je consacre une grande partie de mon temps, corresponde le plus possible à mon inclination. J'y prends alors un réel plaisir et j'éprouve le sentiment de faire quelque chose qui a un sens. Mais dans une société à intégration poussée, le gigantisme des institutions et leur complexité font que les gens sont utilisés comme des instruments, à des fins qu'ils ignorent. Sur ce point, Bettelheim écrit à propos des camps d'extermination: «Les gens étaient façonnés sur commande, utilisés et modifiés en fonction des désirs du client, qui était en l'occurrence l'État.»

Il est intéressant d'observer que toutes les révolutions se font au nom de la liberté que l'on s'empresse, aussitôt acquise, d'échanger pour la sécurité. Le modèle que nous propose le système, qu'il nous impose à toutes fins utiles, est celui de la sécurité. Il est vrai que la sécurité représente, avec la stimulation et l'identité, un des trois besoins fondamentaux. Mais la stimulation et l'identité ne sont guère encouragées dans notre type de société.

Je ne parle pas ici de la fausse stimulation qu'on trouve dans l'expérience vicariale que nous proposent les médias électroniques (alors qu'en fait l'individu vit par personnes interposées), mais de la véritable stimulation de se renouveler, par exemple en changeant d'orientation professionnelle.

Pour ce qui est de l'identité, on est amené à y renoncer petit à petit, au fur et à mesure qu'on s'adapte au système par la soumission. Et c'est ainsi qu'en définitive nous vivons des existences agitées et ennuyeuses. «Quoi qu'il se soit passé à d'autres époques, écrit Bettelheim, l'homme moderne souffre de son incapacité à faire un choix entre la liberté et l'individualisme d'une part, le confort matériel de la technologie moderne et la sécurité de masse, d'autre part. À mes yeux, c'est le véritable conflit de notre temps.» Il redoute en particulier la capacité des humains de s'adapter — encore une fois, par la soumission — et que, dans la mesure où le système est démentiel, il faille pour survivre devenir soi-même dément... Car à force de faire le dément pour survivre dans une société démentielle, le risque n'est-il pas de le devenir effectivement?!

«Car à force de faire le dément pour survivre dans une société démentielle, le risque n'est-il pas de le devenir effectivement?!»

Depuis le temps qu'on nous parle de l'importance de l'interaction avec l'environnement physique et psychosocial, le moment n'est-il pas venu de prendre vraiment conscience de la nécessité de transformer cet environnement au niveau des structures mêmes du système et de certaines valeurs qu'il véhicule, plutôt que de continuer de s'y adapter par la soumission.

LE CAS «ZELIG...»

Voici quelques années, Bruno Bettelheim a accepté de 'jouer' son propre personnage dans **«Zelig»**, un film de Woody Allen, sans doute inspiré en partie par la pensée du célèbre psychologue. Ce film porte précisément sur un cas limite, celui d'un anti-héros victime du phénomène d'uniformisation et de normalisation des individus dans notre type de société.

Avec Zelig, Woody Allen a créé à mon sens un mythe qui trouve désormais sa place parmi les grands mythes de notre époque; je dirais même de toutes les époques, puisque à ma connaissance, il n'aurait pas pu exister avant la nôtre.

Ce film raconte l'étonnante aventure d'un être qui, dans sa recherche compulsive de sécurité, poussé par la peur d'être rejeté et un besoin excessif d'être accepté et aimé par les autres, souffre d'une psychose d'adaptation telle qu'il devient ... obèse avec des obèses, terroriste avec des terroristes, psychiatre avec des psychiatres! Sans jamais parvenir à être simplement lui-même...

Bettelheim, dans son témoignage fictif qui vient à quelques reprises éclairer l'action, décrit, pour les spectateurs complices, le malheureux Zelig comme un véritable caméléon humain: un être dont l'adaptation (par la soumission) en fait une triste illustration du mécanisme d'intégration poussée, et il le définit comme *«the ultimate conformist!»*.

En terminant cet exercice je vous invite à considérer le burn-out d'un tout autre point de vue, non plus comme un phénomène négatif, mais au contraire comme une manifestation du système de défense psychique de certains individus, autrement dit comme un moyen que leur inconscient aurait trouvé de contester un système oppressif... Vu sous cet angle, le burn-out serait une réaction saine, inspirée par la volonté inconsciente de se libérer des contraintes excessives imposées par une société à intégration poussée! Au point peut-être d'en venir à regretter que le burn-out ne fasse pas davantage de victimes...

Pour farfelue que puisse sembler cette interprétation, c'est à Eric Fromm que nous la devons. Psychologue de grande réputation et considéré lui aussi comme un maître à penser de notre époque, Fromm estime en effet que les symptômes névrotiques qui apparaissent chez certains individus donneraient plutôt une raison d'espérer, car ces symptômes seraient selon lui le signe que l'homme lutte contre sa déshumanisation...

«...les symptômes névrotiques (...) seraient le signe que l'homme lutte contre sa déshumanisation...»

Dans son ouvrage «La passion de détruire: anatomie de la destructivité humaine» (Robert Laffont), Fromm écrit à propos de l'hyperorganisation uniformisatrice de notre société: «En dépit de son progrès matériel, intellectuel et politique, l'organisation de notre société occidentale contemporaine est de moins en moins propre à sauvegarder l'équilibre mental, elle enterre l'assurance intérieure, la joie, la raison et la capacité d'amour de l'individu. Elle fait de lui un automate, qui doit payer sa démission par une augmentation des troubles mentaux et par un désespoir qui se cache derrière un acharnement crispé qu'il met également au travail et aux prétendus plaisirs.»

Comme on le voit, il ne manque pas de critiques sévères d'une société où, par ailleurs, comme aurait dit **Candide**: *«Tout va pour le mieux dans le meilleur des mondes...»*

De l'interaction avec l'environnement

Le burn-out apparaît donc comme une forme de mal-être qui découle en partie de l'interaction avec un environnement physique et psychosocial trop exigeant au plan de l'adaptation, pouvant entraîner une désintégration relative de l'individu.

Mais le burn-out, comme je l'ai précisé plus haut, peut aussi représenter une étape vers une désintégration plus grande encore et se traduire, soit par une dépression, soit par une maladie grave au plan physique.

Ce qui revient à dire que, dans une société de masse totalitaire, l'individu trouve surtout à s'adapter par la soumission. Et c'est en quoi notre société peut être considérée comme pathogène.

Il me paraît donc important d'examiner d'un peu plus près le mécanisme de l'adaptation de l'individu à son environnement. (*)

_____

(*) J'ai effectué pour cet exposé un collage de deux théories faisant appel à un vocabulaire différent. Afin qu'il n'y ait pas de confusion, je précise que l'une des théories parle de deux systèmes dont l'un est activateur (libérateur) de l'action et l'autre, inhibiteur de l'action; alors que la seconde parle de l'adaptation par l'action et de l'adaptation par la soumission. Mais ces deux théories se recoupent sur l'essentiel. C'est surtout une question de vocabulaire. ☞

«Une glande est au coeur des mécanismes adaptatifs, la paire de surrénales qui coiffent le sommet des deux reins. Chacune est en réalité une glande double qui résume dans sa dualité deux modes possibles de l'être au monde: au centre, la médullosurrénale, glande de l'agression, du combat ou de la fuite; à la périphérie, la corticosurrénale, glande de la soumission et de la résignation. Une glande pour gagner et une autre pour perdre, deux solutions à la négociation existentielle qui aboutit en fait le plus souvent à un compromis. Ce manichéisme endocrinologique ne doit pas masquer la complexité des données. La glande surrénale n'est qu'un relais dans des systèmes de rétroactions impliquant l'hypophyse et les différents niveaux hiérarchisés du système nerveux central. D'autres hormones que les hormones surrénaliennes sont impliquées dans l'adaptation. Enfin, à l'intérieur même du cerveau, le jeu des neuro-hormones reproduit la complexité des phénomènes périphériques.»

Jean-Didier VINCENT, *La biologie des passions,* Odile Jacob - Le Seuil.

Il existe chez l'être humain deux systèmes: l'un activateur (libérateur) et l'autre inhibiteur de l'action. Ces deux systèmes antagonistes sont à la base de la régulation de notre comportement.

On reconnaît dans ce double système d'adaptation de l'individu à l'environnement physique et psychosocial la dualité fondamentale telle qu'on la trouve en fait dans tous les systèmes: la complémentarité des opposés que représentent par exemple le yin et le yang

---

En fait, l'action doit s'entendre ici au sens de la possibilité d'intervenir: de faire un choix, d'entreprendre une démarche, de changer de stratégie.... C'est pourquoi je parle de préférence de l'adaptation plutôt que de l'action, le mot action pouvant prêter à confusion à un autre niveau d'interprétation, les plus 'actifs' au sens habituel du terme n'étant pas toujours ceux qui s'adaptent le mieux.

J'aurais pu aussi parler d'une troisième théorie qui recoupe en partie les deux précédentes et qu'on doit à Hans Selye. Dans ses recherches sur le stress, Selye est arrivé à la conclusion que dans toute situation l'individu doit se demander s'il peut 'aller avec' la situation qui lui est faite par l'environnement (attitude 'syntonique') ou au contraire offrir une résistance, ce qu'on peut exprimer comme "aller contre' (attitude 'catatonique'). La sagesse se trouve dans le fait de savoir opter, selon le cas, pour l'une ou l'autre de ces attitudes.

dans la philosophie chinoise, ou encore *«la génération du pair et de l'impair»* chez Platon. (*)

Face à certaines situations à haut risque, l'être humain - comme l'animal du reste - se trouve devant le dilemme: agir ou ne pas agir. Ou plus exactement: pouvoir agir ou ne pas pouvoir agir.

Cette dualité existe à plusieurs niveaux du fonctionnement: au niveau du système nerveux des synapses excitatrices et des synapses inhibitrices, de même qu'au niveau des neurones, dont certains codent l'information en augmentant l'activité spontanée de base, alors que d'autres le font en la diminuant.

Ces deux modalités du comportement (les systèmes d'activation et d'inhibition) sont donc également signifiantes et également indispensables. Notre existence dépend de leur interaction. C'est lorsque le fonctionnement d'un individu est surtout déterminé par l'inhibition de l'action et qu'il doit s'adapter par la soumission, que le déséquilibre peut avoir des conséquences graves.

Il a été démontré hors de tout doute que l'inhibition de l'action prolongée est très coûteuse en termes biologiques. L'ulcère de contrainte est peut-être l'exemple le plus connu des méfaits du système inhibiteur. On peut dire que, lorsqu'un individu se trouve dans une situation où il est incapable d'agir sur son environnement, où il n'a plus sa place, il voit ses défenses diminuées: il devient alors plus vulnérable à la maladie. C'est dans ce genre de situations qu'augmentent chez certains les risques d'accidents cardiaques, alors que d'autres seront plus sensibles à des maladies de nature autodestructrice, tel le cancer.

> *«... les conditions propres au burn-out correspondent à celles dans lesquelles l'organisme met en branle le système d'inhibition de l'action.»*

Lorsqu'on regarde de plus près les effets d'un stress excessif et des émotions négatives qui en découlent, on est frappé de constater jusqu'à quel point les conditions propres au burn-out correspondent à celles dans lesquelles l'organisme met en branle le système d'inhibition de l'action. Le burn-out se développe en général alors que l'individu éprouve précisément un sentiment d'impuissance: celui d'être coincé par les conditions ou les circonstances de sa vie professionnelle, et bien souvent personnelle, ou encore d'être prisonnier des conditionnements dont il a été l'objet, incapable de s'en libérer et d'agir.

(*) J'ai exposé le principe de l'opposition et de la complémentarité dans mon ouvrage *De Mc Luhan à Pythagore,* (Minos/de Mortagne).

Lorsqu'on parle de l'importance de s'adapter aux contraintes de l'environnement physique et psychosocial, il faut donc tenir compte comme je l'ai déjà signalé plus haut qu'il existe deux types d'adaptation: l'un qui passe par l'action, alors que l'individu peut agir sur l'environnement; l'autre par la soumission, alors que l'individu ne peut pas agir. Ce sont deux systèmes opposés et complémentaires, le système inhibiteur de l'action (S.I.A.), correspondant à l'adaptation par la soumission, et le système activateur de l'action (S.A.A.), correspondant à l'adaptation par l'action. (*)

Pour qu'un individu se porte bien, il est nécessaire qu'il puisse

agir
avoir sa place
trouver un achèvement social

S'il parvient à satisfaire ces besoins, il se définit alors en fonction du système d'activation et se porte bien; dans le cas contraire, il se définit en fonction du système d'inhibition et, non seulement il se porte mal, mais il devient de plus en plus vulnérable sur les plans physique et psychique.

AGIR

C'est agir sur l'environnement, au sens large du terme. Pouvoir intervenir. On peut être amené à affronter ou à fuir des difficultés. Ce sont deux actions possibles. «Or, il arrive que l'individu soit incapable aussi bien d'affronter sa difficulté que de la fuir. Prisonnier de la situation, il reste 'coincé'.» (**)

(*) En américain 'Behavioral Inhibiting System' et 'Behavioral Activating System' (BIS et BAS). On trouve parfois en français: 'stimulateur', ou encore 'libérateur', au lieu de la formule 'activateur de l'action', traduction de l'américain qui peut sembler maladroite.

(**) *Alors survient la maladie - la vie quotidienne vue à la lumière du fonctionnement du cerveau* (Empirika/Boréal Express). Cet ouvrage, de même qu'un second qui prolonge la même démarche collective *Allô... moi? Ici, les autres* (ibid.), explique en détail ce que je me propose d'exposer ici brièvement. J'en recommande la lecture à tous ceux qui voudraient pousser plus loin une réflexion sur cette question fondamentale qui est encore mal connue. Je suggère aussi les ouvrages du biologiste français Henri Laborit, en particulier: *Les comportements* (Masson), *L'inhibition de l'action* (Masson) et *La nouvelle grille* (coll. Liberté 200 - Robert Laffont). De même que le film d'Alain Resnais, *Mon oncle d'Amérique*, auquel d'ailleurs Laborit a participé. ☞

AVOIR SA PLACE

C'est le territoire. «Le sens du territoire n'est donc pas une valeur arbitraire, mais il repose sur un substratum physiologique.» Un animal privé de son territoire peut tomber malade ou mourir. Chez l'être humain, le territoire doit s'entendre au sens large:

- assurer sa survie,
- protéger son intégrité,
- se procurer confort et sécurité,
- **se développer**

«La santé d'un individu est intimement liée à la qualité, à l'intégrité de son territoire.»

TROUVER UN ACHÈVEMENT SOCIAL

Autrement dit, réussir parmi les autres. «Le non-achèvement social n'est pas neutre: il crée un passif.»

La réussite est donc un facteur de santé. On en sort plein d'énergie pour recommencer et faire encore mieux la prochaine fois. En revanche, l'échec est un facteur de maladie. Dans l'expérimentation animale, le combat sans résultat est une situation des plus pathogènes.

Pour résumer: «Lorsque l'action est impossible, que la place est menacée ou qu'aucun achèvement social n'est obtenu, des perturbations physiologiques apparaissent.»

De même que psychologiques.

Je signale en passant que les éléments qui sont à la base de ces théories se trouvaient déjà pour l'essentiel dans les recherches sur le stress du Dr Hans Selye et de ses collaborateurs, je pense en particulier au Dr Sandor Szabo, de l'Université de Montréal. Selye a aussi énoncé dans ses livres certains principes d'un art de vivre qui ont leur place dans une démarche visant à prévenir ou à guérir ce que depuis on a appelé le burn-out. Il existe aussi sur cette question une abondante littérature en langue anglaise. De plus, la chaîne de télévision éducative desÉtats-Unis (P.B.S.) a présenté au cours de la saison 85-86 une série d'émissions intitulée *Stress and Emotions* qui traitaient en partie de cette question. On peut se procurer cette série sur vidéocassettes.

Un environnement physique et psychosocial exigeant et une interaction trop stressante avec cet environnement, de même qu'une interprétation négative de la situation au niveau du mental, peuvent donc se traduire, soit par un état de mal-être d'ordre psychique: burn-out ou dépression; soit par une maladie physique que favorise l'affaiblissement du système de défenses de l'organisme, autrement dit par un risque de somatisation; et très souvent par un état qui se manifeste sur les deux plans à la fois.

Notre organisme peut faire face à beaucoup de désordres physiques dans son interaction avec l'environnement, mais ses possibilités d'adaptation sont limitées. Il en va de même des désordres psychiques: les émotions négatives qui découlent par exemple de la déception, d'un sentiment de rejet ou d'aliénation, s'accompagnent toujours de modifications physiologiques.

Chacun doit donc s'interroger sérieusement sur les effets que provoque à l'occasion ou entretient sur de longues périodes son interaction avec l'environnement physique et psychosocial et prendre les mesures qui s'imposent: intervenir de façon à s'adapter, non plus par la soumission, mais par l'action.

Les conditions de vie professionnelles et personnelles, les événements et les circonstances, mettent en branle chez l'individu, ou le système activateur, ou le système inhibiteur, selon qu'on est en mesure d'agir ou non, de s'adapter ou non par l'action, selon que le sens du territoire est satisfait ou non, selon qu'on occupe ou non sa place parmi les autres... Et comme l'écrit Jean-Didier Vincent: «Les hormones libérées par l'organisme sont alors des drogues qui, selon le cas, donnent une humeur tonique de vainqueur ou au contraire une humeur dépressive de vaincu — conditionnant ainsi l'état de santé physique et psychique.»

TABLEAU DES MÉCANISMES ADAPTATIFS (*)

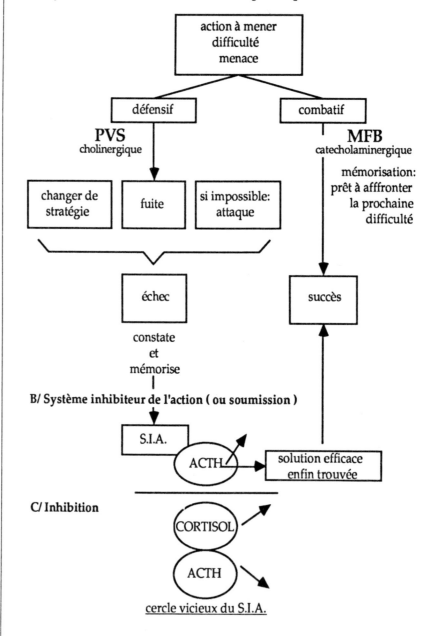

A) Système activateur de l'action (ou adaptation par l'action)

action à mener
difficulté
menace

défensif

combatif

PVS
cholinergique

MFB
catecholaminergique

mémorisation:
prêt à afffronter
la prochaine
difficulté

changer de
stratégie

fuite

si impossible:
attaque

échec

succès

constate
et
mémorise

B/ Système inhibiteur de l'action (ou soumission)

S.I.A.

ACTH

solution efficace
enfin trouvée

C/ Inhibition

CORTISOL

ACTH

cercle vicieux du S.I.A.

(*) D'après *Alors survient la maladie* (Empirika/Boréal Express)

J'ai pris la liberté d'adapter ce tableau en fonction de notre démarche:

A) L'adaptation par l'action peut s'exprimer de plusieurs façons. Il ne s'agit pas nécessairement de combattre. On peut aussi fuir, prendre du recul ou changer de stratégie.

En cas de succès, c'est le système activateur de l'action qui fonctionne et l'individu se porte bien.

B) En cas d'échec, c'est le système inhibiteur de l'action qui se trouve mis en branle, mais au premier stade seulement de son fonctionnement.

Car il est encore possible d'intervenir.

Comme l'indique la montée de l'ACTH, même dans le cas d'échecs successifs, il est encore possible d'intervenir à nouveau, mais de moins en moins: on peut remarquer que chaque échec fait l'objet d'un constat et d'une mémorisation. Ce qui a pour effet de créer un renforcement négatif.

C) Lorsqu'il n'y a plus de solution possible et que l'individu se trouve pour ainsi dire coincé, le système inhibiteur de l'action fonctionne à plein, comme l'indique la montée du cortisol et la baisse de l'ACTH.

La question des hormones et des neuro-hormones est complexe. Chaque comportement est déclenché par un véritable cocktail hormonal... Sans compter qu'il faudrait aussi parler des différents systèmes de faisceaux nerveux! Il s'agit donc ici d'un schéma élémentaire.

Pour faciliter la lecture de cette grille, voici quelques brèves définitions:

- PVS: système de l'action difficile
- MFB: système de l'action
- ACTH: sa montée se traduit par une baisse de l'agressivité et l'élaboration d'une nouvelle stratégie
- CORTISOL: sa montée se traduit au contraire par la soumission — le défaitisme — et un affaiblissement des défenses de l'organisme.

Agir sur le monde

Nous devons donc entreprendre de "refaire le monde" — rien de moins! En mettant l'accent sur la qualité de vie sur le plan individuel et collectif... La tâche peut paraître insurmontable. D'autant plus que la plupart d'entre nous, et plus spécialement ceux qui flirtent avec le burn-out, éprouvent souvent devant la complexité du système un sentiment d'impuissance.

Mais refaire le monde est un exercice qui passe d'abord par une prise de conscience pour ensuite se traduire par de nouvelles attitudes... C'est la leçon que nous pouvons tirer de la grande aventure du Mouvement de Libération de la Femme. L'objectif est sans doute encore loin d'être atteint, mais en quelques années une prise de conscience de la situation faite à la femme dans notre société commence à s'imposer tant bien que mal et de nouvelles attitudes à se dessiner. Il me semble qu'on peut s'inspirer de cette démarche pour continuer de refaire le monde.

En commençant par faire le ménage dans sa cour!

«Dans notre interaction avec l'environnement, nous nous contentons de réagir *au lieu d'agir...*»

Pour refaire le monde, il faut d'abord reconnaître qu'il puisse être **autrement.** Dans notre interaction avec l'environnement physique et psychosocial, nous nous contentons le plus souvent de **réagir,** ce qui va dans le sens d'une adaptation par la soumission; au lieu d'**agir** en vue d'améliorer la qualité de vie.

La vie est une pratique. Les belles théories ne sont d'aucune utilité si elles n'inspirent pas des décisions ponctuelles, portant sur de petites choses.

Examinons par exemple les conditions de vie au travail en rapport avec la qualité de vie:

Tout d'abord, le cadre physique mérite qu'on s'y attarde: l'être humain crée en partie son environnement qui, en retour, le façonne. Or, nous ne sommes pas assez attentifs à tout ce qui se définit au plan de la forme: la conception des espaces, le choix des couleurs, les matériaux... La lumière en particulier est très importante: l'effet de la lumière ou de son absence dans le milieu de travail est considérable. Par ailleurs, le bruit augmente beaucoup le stress, sans qu'on s'en rende compte.

Puis, nous devons nous interroger sur l'aménagement du temps: la question des horaires de travail dans bien des cas devrait faire l'objet d'un sérieux examen — suivi de décisions!

Le fonctionnement du système lui-même à l'échelle de l'entreprise et/ou de l'institution doit aussi être examiné. Il importe par exemple de donner davantage de pouvoir de décision à ceux qui ont le plus souvent des responsabilités sans le pouvoir correspondant: ce sont, comme on le verra plus loin, de bons candidats au burn-out, du fait qu'ils éprouvent souvent un sentiment d'impuissance, coincés entre deux paliers de fonctionnement.

Par ailleurs, l'expérience démontre que la qualité de vie dans le milieu de travail dépend pour beaucoup de la qualité de la communication. Il est impératif de s'employer en particulier à diminuer la bêtise, le non-sens et l'absurdité. À rendre la bureaucratie et la technocratie aussi supportables que possible! (Ce qui est un programme ambitieux, je le reconnais!)

Il faut enfin prendre l'initiative de tenir des réunions pour aborder ces questions ouvertement. Et faire en sorte **que le système devienne de plus en plus transparent.**

Cet exercice pourra sembler dérisoire en regard du projet de *'refaire le monde'*. Mais il importe avant tout de diminuer notre sentiment d'impuissance en trouvant à nos grandes interrogations des réponses qui s'appliquent dans notre vie de tous les jours: s'adapter par l'action en agissant sur le monde ici et maintenant. La formule du professeur René Dubos trouve ici tout son sens: *«Penser globalement et agir localement...»*

AU NIVEAU DE L'INDIVIDU

Si l'environnement physique et psychosocial est à peu près le même pour tout le monde, comment se fait-il que tout le monde ne soit pas atteint ou également menacé par le burn-out?

La réponse à cette question est la même que pour tous les états de mal-être, comme pour toutes les maladies physiques ou psychiques . Si j'écarte les facteurs héréditaires, je dirais que ce sont, ou les conditions particulières dans lesquelles une personne vit aux plans professionnel et personnel qui la rendent plus vulnérable que les autres, ou bien ses habitudes de vie — une mauvaise alimentation ou le manque d'exercice; ou encore et surtout peut-être les conditions particulières de son psychisme . Et sans doute, pour finir, une synergie de tous ces facteurs...

Dans le burn-out, comme dans la plupart des maladies de civilisation, les facteurs psychiques sont très importants. Il est certain que le candidat au burn-out contribue à créer son état de mal-être, le plus souvent à son insu. Bien qu'il soupçonne parfois être engagé par sa faute dans un processus irréversible. Mais il préfère ne pas en prendre vraiment conscience — ce qui remettrait trop de choses en question. Je ne dis pas qu'il n'existe pas de causes extérieures au burn-out: trop de responsabilités, trop d'heures de travail, une charge professionnelle trop lourde, un manque de soutien dans le milieu de travail. Mais au-delà de ces facteurs, il demeure que les causes psychiques sont, en dernière analyse, les plus déterminantes: en particulier l'attitude par rapport au travail, le sens de la 'vocation', la volonté de se maintenir à la hauteur d'une certaine image de soi, une trop grande recherche de réussite sociale ou de pouvoir personnel. Ces attitudes et ces comportements déterminent la réponse au stress, contribuant ainsi à susciter et/ou à favoriser un burn-out.

On n'insistera jamais assez sur ce dernier point que je n'ai peut-être pas moi-même exprimé jusqu'ici avec toute la vigueur nécessaire pour être bien compris. Lorsqu'on parle des facteurs de stress, on se reporte généralement à tout ce qui se définit à l'extérieur; mais on doit bien comprendre que l'interprétation par l'individu des événements, des circonstances et des conditions est souvent encore plus déterminante.

«Dans le burn-out, comme dans la plupart des maladies de civilisation, les facteurs psychiques sont très importants.»

PROFIL DU CANDIDAT AU BURN-OUT

Voici quelques traits dont certains se retrouvent souvent chez la victime ou le candidat au burn-out:

L'anxiété

Le candidat au burn-out vit souvent dans un état d'anxiété. Avec l'impression qu'il n'y arrivera pas, qu'il devrait s'y prendre autrement, qu'il s'engage dans une impasse. Un type d'anxieux pourra par exemple se rendre au travail et se sentir trop agité pour fonctionner, n'accomplir pratiquement rien et pourtant se retrouver complètement épuisé en fin de journée. Un autre type d'anxieux accomplira au contraire beaucoup de travail, mais n'en continuera pas moins à entretenir l'impression qu'il aurait pu faire mieux, qu'il devrait à l'avenir travailler davantage, obtenir de meilleurs résultats.

Tout le monde souffre relativement d'anxiété. Mais ceux qui se définissent comme des anxieux, chez qui cet état prédomine, éprouvent un constant sentiment d'inquiétude, d'insécurité. Ce qui a pour effet à long terme de les rendre inefficaces. Car les états anxieux drainent leur énergie.

L'esprit d'entreprise excessif

L'esprit d'entreprise est louable en soi. Mais il s'agit ici de ceux qui sont trop entreprenants: les compulsifs de l'action, les ambitieux excessifs, les hyperactifs. Ceux dont l'emploi du temps ne leur laisse pour ainsi dire aucun répit pour les six mois à venir... Ces candidats au burn-out sont très exigeants pour eux-mêmes: ils entreprennent tout ce qui se présente à eux, tout ce qui offre le moindre intérêt. Cela tient souvent à ce que leur évaluation d'eux-mêmes dépend, non pas de ce qu'ils sont, mais de ce qu'ils parviennent à accomplir. Ils ont le sentiment de n'avoir aucune valeur s'ils ne sont pas en train d'accomplir quelque chose. L'idée de se relaxer ou simplement de se reposer leur apparaît comme une perte de temps. Ils éprouvent même souvent en situation de repos la peur du vide.

Le désir de plaire à tout le monde

Ceux qui ne savent pas dire non parce qu'ils ont besoin de plaire à tout le monde pour avoir le sentiment d'exister, sont aussi d'excellents candidats au burn-out. Nous avons pour la plupart été formés à penser qu'il n'est pas bien de s'occuper de soi et de satisfaire ses besoins. Alors qu'en fait s'occuper de soi et satisfaire ses besoins, parfois même en limitant relativement son ouverture au monde, est essentiel pour maintenir un certain équilibre. Sinon, la capacité de s'engager dans le monde s'en trouve de plus en plus réduite et on entretient l'impression d'effleurer seulement les êtres et les choses. C'est ainsi qu'on en vient à éprouver le sentiment d'être dépassé et de ne plus pouvoir plaire à personne.

Le sens de l'autocritique trop poussé

Ceux qui sont enclins à l'autocritique ressentent souvent de la nervosité ou entretiennent une certaine culpabilité si leur fonctionnement n'est pas optimum. Parce qu'ils ont une opinion négative d'eux-mêmes, dont ils sont rarement conscients, ils estiment qu'ils doivent travailler avec opiniâtreté, comme pour se racheter à leurs propres yeux, sans tenir compte du travail déjà accompli. Ces candidats au burn-out n'ont pas le sens de l'équilibre: ils se vident de leur énergie sans se préoccuper d'en recevoir. Ils travaillent comme des forcenés, sans prendre le temps de jouir de ce qui a été accompli. Le résultat n'est jamais assez bon pour eux.

"...Je vais le faire moi-même..."

Très souvent, les candidats au burn-out ne font pas confiance aux autres qu'ils estiment incapables de faire le travail correctement... Peut-être d'ailleurs n'ont-ils pas toujours tort! (*) On retrouve derrière cette attitude la vieille pensée que, si on veut qu'une chose soit bien faite, il faut la faire soi-même! Curieusement, ces candidats semblent souvent attirer dans leur sillage professionnel des gens qui, effectivement, manquent de rigueur ou les laissent tomber...(!) En projetant leur méfiance sur les autres, ils se retrouvent souvent dans l'obligation de tout faire eux-mêmes. Et cet effort, accompli dans de telles conditions négatives, les pousse au burn-out.

(*) Cette remarque est bien révélatrice de ce que l'auteur est lui-même un bon candidat au burn-out... Même si on s'en est sorti une fois, on peut du reste demeurer un bon candidat toute sa vie. Il en va du burn-out comme de l'obésité!

La mentalité de sauveur

On trouve ce type surtout dans les professions de relation d'aide. Ces professions exigent au départ un goût de servir les autres et un certain renoncement à soi. Bien qu'il y ait lieu de s'interroger sur les motivations profondes qui inspirent ce qu'on appelle l'altruisme — ce dont je parle plus loin. Souvent submergés par leur travail, les sauveurs finissent par faire des choses qu'ils ne veulent pas vraiment faire et qui sont le plus souvent loin de l'image qu'ils s'étaient faite de leur profession. On peut en dire autant de ces 'femmes qui aiment trop' — au sens de mal! — et qui éprouvent le besoin irrésistible de refaire un homme...

L'altruisme est sans doute une grande vertu, mais les sauveurs auraient intérêt à devenir plus lucides, en se demandant si leur démarche ne répond pas en fait à un besoin de se rassurer.

En soi, il n'est pas mauvais d'être un sauveur, de préférer parfois faire les choses soi-même, de vouloir plaire aux autres et d'être ambitieux. Ou même de posséder tous ces traits de caractère à la fois! Mais c'est une question de degré. Pour se donner à une tâche, à un idéal ou aux autres, il faut d'abord s'appartenir. C'est aussi une question d'attitude. On peut observer que les candidats au burn-out dépendent trop du plaisir qu'ils procurent aux autres, de la satisfaction qu'ils leur apportent. Ils dépendent trop des autres pour **être**; du plaisir qu'ils procurent aux autres, de la satisfaction qu'ils leur apportent. Bref, ils ont trop d'attentes. Or, on a toujours les chaînes de ses attentes... En résumé, ils sont souvent trop dépendants des autres et du monde en général pour leur satisfaction et surtout pour assurer leur identité.

Comme on le voit, les candidats au burn-out se recrutent parmi les éléments les plus valables de la société, quant à leurs intérêts, leurs capacités au plan professionnel et leurs qualités personnelles. Ce qui peut sembler paradoxal! Mais j'explique plus loin que plus la personnalité — le moi — de l'enfant s'éveille tôt, plus il est réceptif aux messages de l'autorité au moment de la formation de son parent intérieur — le surmoi. Ce qui se traduit par des modèles exigeants et de grandes attentes...

Il faudrait à ces candidats, pour diminuer les risques de burn-out, dépendre moins des autres pour leur estime d'eux-mêmes. Devenir plus autonomes. Et plus sages...

RECETTE DE
BURN-OUT
EN MILIEU MEDICAL(*)

À titre d'exemple, voici comment plusieurs éléments de ce profil du candidat au burn-out peuvent se retrouver chez un médecin:

«— Prenez un jeune diplômé fraîchement sorti de l'université (de préférence en médecine)
«— Attribuez-lui une personnalité énergique, entreprenante et qui dégage un charisme certain
«— Remplissez-lui la tête d'un idéal élevé et surtout des rêves que ses pauvres parents n'ont pu réaliser
«— Placez-le dans une grande marmite (tout grand centre hospitalier peut faire l'affaire)
«— Laissez-le seul pour éviter qu'il bénéficie de l'appui de ses collègues, bref qu'il se tape l'ouvrage tout seul
«— Veillez à ce qu'il développe le sentiment d'être indispensable, omnipuissant et irremplaçable
«— Évitez de le récompenser ou de le gratifier pour son travail
«— Offrez-lui un poste administratif quelconque
«— Laissez mijoter quelques années, après quoi le tout sera prêt à servir.»

(*) Extrait d'un article de Huguette O'Neil, in *L'Actualité médicale*, 29 janvier 1986.

En examinant de plus près les traits de caractère des candidats au burn-out, on pourrait se demander quel en est le dénominateur commun.

Il se trouve, ce dénominateur commun, dans cet aspect de la psyché, dont j'ai parlé à quelques reprises déjà, qu'on appelle le surmoi ou 'parent intérieur'.

Les modèles de comportement qu'inspire le parent intérieur représentent sans doute en effet le plus important facteur — **inconscient** – de burn-out et des maladies de civilisation en général.

— *"Avez-vous dit:* 'inconscient'?*"*

DEUXIÈME PARTIE

Le parent... terrible

Alors que la première partie de cet ouvrage était surtout
informative,
la seconde se veut davantage
transformative.

L'expérience démontre que pour prévenir un burn-out,
comme du reste pour s'en libérer, il est souhaitable de
disposer d'un outil *d'auto-analyse.*

Mais je crois important de rappeler que
toute démarche thérapeutique,
même s'il s'agit plutôt ici de prévention,
dépend surtout de la motivation
de celui ou celle qui la poursuit.
Une étude récente a démontré que
dans toute démarche de cette nature, il existe trois
facteurs de réussite qui sont - dans l'ordre:
la motivation de celui ou celle qui la poursuit,
puis la qualité de l'intervenant,
enfin la méthode ou la technique employée.

Le passage du niveau de l'information
à celui de la transformation
repose donc en grande partie sur
votre motivation.

UN PRÉREQUIS:
RECONNAÎTRE L'INCONSCIENT

Pour saisir l'importance déterminante du surmoi ou parent intérieur dans la vie de tous les jours, à travers les attitudes, les comportements et les attentes qu'il inspire, il faut d'abord admettre l'existence de l'inconscient. Ce qui revient à reconnaître qu'une partie du fonctionnement de la psyché — en fait la plus grande partie — constitue un mécanisme complexe qui se trouve pour ainsi dire en deçà et au-delà de la conscience ordinaire, et qui nous échappe. Ce qui ne va pas de soi.

Bien que la plupart de nos attitudes, nos comportements et nos attentes soient, non seulement influencés, mais souvent même déterminés par l'inconscient, et que la plupart de nos décisions soient prises par lui, une certaine formation — ou information — est sans doute nécessaire pour l'admettre; et une grande vigilance, pour se le rappeler à l'occasion dans la vie de tous les jours — puisqu'il s'agit de l'inconscient, un fonctionnement qui par définition échappe à la conscience ordinaire.

Je ne parle pas ici de l'importance de reconnaître l'existence de l'inconscient au plan intellectuel, mais de commencer à en saisir le fonctionnement dans le vécu. Il est difficile de m'avouer que telle réaction puisse me venir d'un mécanisme de défense instinctif; telle opinion ou telle tendance, de mon type morpho-psychologique; et plus difficile encore, que telle orientation professionnelle, engageant toute une vie, a pu m'être inspirée par une suggestion, explicite ou même implicite, enregistrée dans l'enfance, autrement dit découler en fait d'un conditionnement dont j'ai été l'objet en fonction d'un système de valeurs transmis par mes parents et les personnes en autorité. D'autant plus difficile que par la suite je suis parvenu à expliquer, à rationaliser, voire même à justifier la plupart de mes opinions et de mes choix au niveau conscient. Au point d'en venir à penser que mes attitudes et mes comportements sont l'effet d'une démarche consciente.

Je pense par exemple à un homme d'âge moyen, professionnel respecté et d'un niveau d'instruction bien au-dessus de la moyenne, venu me consulter à propos de difficultés conjugales, qui découvre avec étonnement qu'il projette sur sa femme l'image de sa mère... Je pense à tel autre qui mène sa vie à la cravache: avec une détermination qui découle d'une volonté de puissance à toute épreuve, qu'on pourrait expliquer en partie par le fait qu'étant de petite taille, il éprouve un très fort besoin de s'affirmer. (Avez-vous vu la voiture puissante qu'il vient de s'offrir? C'est à peine si on le voit derrière le volant...) Je pense à une jeune femme qui a eu dans son enfance certaines expériences incestueuses, au niveau du désir surtout, mais qui en a conservé un sentiment de culpabilité et ne s'autorise une relation sexuelle que si la punition accompagne le plaisir afin de compenser pour cette culpabilité. Autrement dit, elle recherche une relation de nature sado-masochiste. Et je pourrais continuer pendant des pages.

Je déplore que nous ne soyons pas plus et mieux informés individuellement et collectivement du fonctionnement de la psyché. Il y a dans la vie des crises prévisibles comme celles qui découlent du cycle de vie, telles que par exemple la crise de la quarantaine chez l'homme ou encore celle qui accompagne la ménopause chez la femme vers la cinquantaine; il y a aussi des situations probables ou possibles, telles que les affrontements dans la vie du couple; mais il y a surtout, je dirais, certains mécanismes de la psyché, tels que le conditionnement par l'autorité parentale auquel nous avons tous été soumis dans l'enfance, qui déterminent en grande partie notre fonctionnement jusqu'à la fin de nos jours.

Or, il n'y a de libération possible — je parle ici de la libération relative et progressive de la souffrance — qu'au prix d'une conscientisation, toujours relative, de certains aspects obscurs de la psyché.

«... que telle orientation professionnelle a pu m'être inspirée par une suggestion enregistrée dans l'enfance...»

Ceux qui ne veulent pas reconnaître la nécessité de cette conscientisation se recrutent bien souvent parmi ceux qui auraient sans doute le plus à redouter les révélations qui pourraient découler d'une telle conscientisation. C'est pourtant une démarche salutaire qui produit une libération progressive de l'être, lui permettant d'exercer de plus en plus de contrôle sur lui-même. Alors que sans la libération qu'entraîne une démarche de conscientisation, on demeure toute sa vie le jouet de ses motivations inconscientes sans jamais le soupçonner, prisonnier de conditionnements et de patterns de fonctionnement qu'on ne parvient même pas à identifier.

Sans compter que ce travail de conscientisation représente par ailleurs une démarche qui permet aussi de libérer une grande énergie vitale. Car ce sont les émotions — surtout négatives — qui épuisent l'énergie. Mais dès que l'on commence à prendre conscience de ses motivations obscures, on commence à se libérer des émotions négatives qu'elles entretiennent. Et c'est autant d'énergie récupérée...

«Cet aspect supérieur de l'être ne demande qu'à se manifester mais il en est empêché par les résistances, les peurs et les angoisses...»

Mais il y a plus encore. L'inconscient comporte en effet deux aspects: le négatif, bien sûr, mais aussi le positif. Nous participons à la fois du bas et du haut, de l'obscur et du lumineux. Pour les Anciens — je pense ici à l'Antiquité — l'être humain se composait d'une partie animale et d'une partie divine. Et selon la pensée traditionnelle, on ne parvient à s'éveiller à son aspect supérieur ou divin et à s'identifier de plus en plus à lui que dans la mesure où on reconnaît d'abord son aspect inférieur, qu'on l'assume et qu'on finit par le transcender. C'est du reste la démarche préconisée par Carl Jung pour qui le travail sur soi consiste à découvrir d'abord l'aspect obscur, ce qui entraîne par répercussion une découverte pour ainsi dire équivalente de l'aspect lumineux. Cet aspect supérieur de l'être, il ne demande à vrai dire qu'à se manifester, mais il en est empêché par les résistances, les peurs et les angoisses entretenues au niveau de l'aspect obscur. La conscientisation, qui consiste précisément à éclairer les profondeurs de l'être, a pour effet de diluer l'épaisseur, de diminuer l'opacité, de rendre l'être de plus en plus transparent à lui-même. Et c'est alors que se manifeste la lumière.

La difficulté d'admettre les conditionnements par l'autorité dont on a été l'objet pendant l'enfance tient à ce qu'ils forment le surmoi ou parent intérieur, aspect inconscient de la psyché qui se manifeste de deux façons: tantôt je me comporte comme le parent, autoritaire ou nourricier, tantôt comme l'enfant, docile ou rebelle, de ce parent... À propos du burn-out, il est primordial de prendre conscience de cet aspect du fonctionnement de la psyché.

La démarche qui permet de conscientiser — relativement — la fonction du surmoi et la dépendance qu'on entretient à son endroit est profondément libératrice et mérite qu'on investisse le temps et l'énergie qu'elle exige. Car plus on élève son niveau de conscience, plus la vie devient lumineuse et plus le quotidien s'éclaire. Autrement dit, plus on éprouve le sentiment d'être à sa place dans le monde et de faire jour après jour ce qu'on est venu y faire. Et c'est ainsi qu'on satisfait un besoin essentiel de l'être qui est de progresser toujours vers plus de conscience, vers plus de lumière.

Dans le cas d'un burn-out, comme de la plupart des maladies de civilisation, le remède le plus efficace et le seul qui soit absolument durable se trouve dans le fait d'élever son niveau de conscience.

UN OUTIL D'INVESTIGATION:
LA GRILLE ADAPTÉE DE L'A.T.

Une grille n'est qu'un outil de travail. Il ne faut pas en faire un dogme. Il s'agit en fait d'un modèle qui permet de considérer le fonctionnement d'un système donné à travers l'interaction des éléments qui le composent. Le système est ici le psychisme.

Dans le cas d'un burn-out, c'est l'Analyse Transactionnelle qui me paraît proposer l'approche la plus adéquate. Cela dit, je conçois fort bien qu'on puisse recourir à d'autres Écoles, certains aspects du burn-out pouvant aussi être éclairés à partir de bien des points de vue. Mais on retrouve dans la grille que nous propose l'Analyse Transactionnelle des aspects très bien définis du fonctionnement de la psyché, qui permettent d'éclairer le processus même du burn-out.(*)

(*) L'Analyse Transactionnelle est une psychothérapie créée vers la fin des années 50 par le Dr Eric Berne, médecin psychiatre américain, né à Montréal. Alors que son premier livre *Transactional Analysis in Psychotherapy - L'Analyse Transactionnelle en psychothérapie* (Payot) a soulevé à l'époque assez peu d'intérêt chez les professionnels auxquels il était destiné, les ouvrages qui allaient suivre et que Berne destinait davantage au grand public, dont *Games people play — Des jeux et des hommes* (Stock) ont connu un très grand succès.

L'Analyse Transactionnelle s'est imposée dans le monde entier comme une importante École de psychologie. Elle offre depuis plusieurs années déjà un cursus de formation, tout en devenant de plus en plus populaire auprès du grand public. Au Québec, des cours d'A.T. sont donnés dans la plupart des sections universitaires de psychologie et d'aide sociale. Pour se familiariser avec cette grille, simple et efficace, je suggère parmi les ouvrages du Dr Berne, *Des jeux et des hommes* (Payot) et de Gysa Jaoui, *Le Triple moi* (Robert Laffont) considéré comme le premier ouvrage français sur l'Analyse Transactionnelle, qui comprend en particulier une intéressante bibliographie sélective.

Je vous propose donc comme outil de travail la grille de l'Analyse Transactionnelle. Mais je précise que je vais m'en tenir ici à sa formulation la plus élémentaire que je prends par ailleurs la liberté d'interpréter en fonction du burn-out.

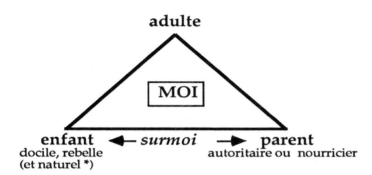

* Je m'explique plus loin sur l'importance de l'enfant naturel.

Le Dr Eric Berne, qui est le créateur de l'A.T., nous dit que la personnalité dépend de la dynamique de trois aspects de la psyché: l'**enfant**, le **parent** et l'**adulte** — triade que je dispose en triangle, avec à la base la dualité de l'enfant et du parent; et au sommet, l'adulte qui m'apparaît comme la médiété, autrement dit l'aspect de la personnalité qui transcende les deux autres.

J'ajoute par ailleurs à cette grille élémentaire le **surmoi** qui se définit en fonction de la transaction de l'enfant et du parent; et le **moi** qui, lui, dépend de la dynamique triangulaire: enfant, parent et adulte.

Mais les transactions, c'est-à-dire les échanges d'information et d'énergie entre les individus à travers ces différents aspects de leur personnalité, de même qu'entre ces aspects chez un même individu, sont de nature plus complexe. L'enfant peut en effet se définir de trois façons: docile (ou adapté), rebelle [et naturel*]; et le parent, de deux façons: autoritaire et nourricier. Il faut donc tenir compte des

(*) Je m'explique plus loin sur la raison qui me fait placer l'enfant naturel, si je puis dire, entre crochets...

91

différentes manifestations de chaque aspect si on veut saisir le sens profond des transactions entre les individus. Mais je précise que, dans le présent contexte, ce sont les transactions de ces différents aspects de la psyché entre eux et de leurs différentes manifestations chez un même individu, autrement dit de leur dynamique en fonction de la personnalité même, qui m'intéressent.

Le moi et le surmoi

Je parle à plusieurs reprises de l'opposition entre le moi et le surmoi, alors que ce concept ne se trouve pas comme tel dans l'Analyse Transactionnelle.

Le surmoi, au sens où je l'entends ici, comprend aussi bien le parent que l'enfant — soit que l'être s'identifie à son aspect parental, soit qu'il se définisse comme l'enfant docile ou rebelle de ce parent... Quant à l'enfant naturel, étant donné le rôle important qu'il me paraît jouer dans la prévention ou la guérison du burn-out (comme je l'explique plus loin à propos de l'enfant-thérapeute), il ne procède pas du surmoi mais du moi.

«...un moi harmonieux, autrement dit un être heureux...»

Pour ce qui est du moi, il correspond à ce que le Dr Berne appelle la personnalité et me paraît dépendre en partie de la dynamique des trois aspects de la psyché que sont le parent, l'enfant et l'adulte. Je prends donc la liberté d'inscrire le moi au coeur même de cette dynamique triangulaire. Ce qui signifie qu'un moi harmonieux — autrement dit, un être heureux — se définirait, d'une part, en fonction d'un équilibre relatif au niveau de l'interaction du parent et de l'enfant et, d'autre part, en fonction du dépassement tout aussi relatif, on pourrait dire aussi de la transcendance, de cette opposition par l'adulte.

«Et c'est ainsi qu'on satisfait un besoin essentiel de l'être qui est de progresser toujours vers plus de conscience...»

Le surmoi

On trouve souvent chez les candidats ou les victimes du burn-out, une personnalité en grande partie dominée par le surmoi.

Ce qui revient à dire que je m'identifie, ou bien au parent intérieur et que je passe ma vie à me comparer à ce parent mythique, toujours à mon désavantage; ou bien à l'enfant intérieur et que je me comporte en fonction des attentes du parent, comme l'enfant docile, à moins que je ne cherche toute ma vie à le contester, comme l'enfant rebelle. Ce qui, à toutes fins utiles, revient au même. Dans les deux cas, je demeure impuissant à me libérer des conditionnements dont j'ai été l'objet pendant l'enfance. J'aurais donc fait tel choix au plan de l'orientation, tel choix de carrière par exemple, ou encore j'aurais adopté au plan professionnel et même personnel, telle attitude d'autorité ou de docilité, en partie pour me conformer aux contenus du surmoi.

Le surmoi n'existe pas avant la naissance. Il se forme à partir de l'interaction avec l'environnement psychosocial. Tout d'abord avec la mère ou son substitut. C'est elle qui dicte les premiers interdits, suggère les premiers modèles de comportement. Petit à petit intervient le père, l'autre aspect de l'image primordiale de l'autorité, ou pour emprunter au vocabulaire psychanalytique: "le premier étranger dans la vie de l'enfant", alors que l'enfant commence à s'affranchir de la vie symbiotique avec la mère. Puis ce sont les proches et 'les autres' qui vont aussi contribuer à la formation du surmoi. Avec les années, l'enfant devient de plus en plus sensible aux signes d'autorité: la taille, le timbre de voix, l'attitude ou la démarche, les cheveux blancs; plus tard, les vêtements, certains accessoires associés à l'autorité... On estime que le surmoi se trouve structuré vers l'âge de six ou sept ans, époque où les archétypes sont constitués. L'enfant parvient alors à ce qu'on appelle 'l'âge de raison' — l'être social commence à exister.

«Le surmoi n'existe pas avant la naissance. Il se forme à partir de l'interaction avec l'environnement psychosocial.»

Au cours de la période de formation du surmoi, tous les messages, verbaux ou non verbaux, explicites ou implicites, peuvent avoir de l'importance. Je ne dis pas que l'enfant est toujours ouvert et réceptif à tout ce qui se dit et à tout ce qui se fait autour de lui. Si tel était le cas, son psychisme deviendrait un véritable dépotoir... Le processus d'apprentissage auquel participe la formation du surmoi paraît plutôt fonctionner de façon intermittente. L'enfant s'ouvre à certains moments pour recevoir tel message qui s'offre à lui et l'enregistrer en profondeur, alors qu'à d'autres moments il est moins réceptif. Comme la plupart des mécanismes de ce niveau de fonctionnement, il découle de l'instinct de survie. Il s'agit pour l'enfant d'apprendre à se conformer pour survivre. Et chaque fois qu'il se trouve dans une situation d'apprentissage dont lui paraît instinctivement dépendre sa survie, il devient réceptif et enregistre le message.

«C'est donc le surmoi qui détermine plus tard dans l'existence les attitudes et les comportements dont paraît dépendre la survie...»

C'est donc le surmoi qui détermine plus tard dans l'existence les attitudes et les comportements dont paraît dépendre la survie: ce qu'il faut faire et ce qu'il faut être pour survivre dans le monde. C'est la voix parentale qui rappelle à l'ordre, autrement dit l'autorité assimilée. Le surmoi représente en fait le système de valeurs qui nous a été transmis dans l'enfance... L'enfant découvre très jeune ce qui plaît à la mère et ce qui lui déplaît. Sa dépendance à l'égard de la mère lui fait ressentir que sa survie à cette étape dépend du succès qu'il remporte auprès d'elle. Alors que son individualité s'affirme de plus en plus, il lui faut aussi en même temps se comporter en fonction des attentes de la mère, autrement dit se conformer; et plus tard en fonction des attentes qu'entretiennent à son sujet les proches, puis les moins proches et ainsi de suite, au fur et à mesure que s'étend le cercle de son interaction avec l'environnement psychosocial — jusqu'à se comporter éventuellement en fonction des attentes mêmes de la société. L'enfant ressent très jeune l'opposition avec laquelle il lui faudra vivre toute sa vie, entre son individualité et son être social constitué de tous les messages des autres. Ce qui fait dire au biologiste Henri Laborit: *«Nous sommes les autres.»*

L'enfant apprend très tôt à se conformer aux attentes de l'environnement psychosocial. C'est pour lui une question de survie, sentiment qu'entretient son état de dépendance. Il ressent qu'il participe à un ensemble et que sa survie dépend de la qualité de sa participation à cet ensemble. Ce qui du reste demeure relativement vrai à tous les âges de la vie... Mais qui l'est d'autant plus dans l'enfance, alors que l'individualité ne s'est pas encore affirmée. L'enfant commence déjà, à cette époque, à vivre la douloureuse contradiction entre le besoin de s'affirmer en tant qu'individu et celui de se conformer pour survivre en s'identifiant à la mère, puis aux autres, en fonction des valeurs qu'ils représentent. Ce qui se traduira plus tard par une identification plus ou moins forte aux modèles conformistes de la société. L'affirmation de l'individualité comporte le risque perçu inconsciemment par l'enfant — et plus tard par la grande personne — d'être rejeté par l'ensemble auquel il participe, qui le nourrit, l'abrite et le sécurise. Ce risque sera d'ailleurs ressenti toute la vie comme le besoin de s'identifier aux valeurs véhiculées et aux modèles proposés par le surmoi qui paraît offrir la survie de l'individu dans la société en échange de l'obligation pour lui de se conformer... C'est déjà la contradiction entre le besoin de sécurité et ceux de stimulation et d'identité, que l'être devra tenter de satisfaire toute sa vie.

Au départ, l'enfant forme un tout avec son milieu: il est comme une cellule d'un organisme. Il se conforme donc tout naturellement. L'individualité se développe — relativement — avec les années. Ce qui suppose toutefois un certain degré d'autonomie. Aussi bien dire que la plupart ne seront jamais assez autonomes pour que se développe une véritable individualité: ils vont toute leur vie se conformer aux messages et aux modèles enregistrés dans l'enfance et renforcés par les valeurs collectives, sans jamais parvenir à s'en libérer suffisamment pour s'affirmer. Cette libération des conditionnements est d'ailleurs toute relative, puisqu'il faudra toujours maintenir un équilibre entre l'individualité et l'être social, entre l'autonomie et une participation au groupe — société ou espèce — conformément aux messages et aux modèles reçus.

C'est ici qu'apparaît le burn-out, c'est-à-dire au point d'équilibre entre l'autonomie de l'individu, qui est du niveau du moi, et sa définition en tant qu'être social en fonction de messages et de modèles enregistrés pendant l'enfance, qui est du niveau du surmoi. Le candidat au burn-out éprouve souvent un sentiment confus de frustration, celui en particulier d'avoir fait des choix, par exemple au plan professionnel, relativement à son être social — au niveau des attentes du surmoi; et de ne pas se réaliser en tant qu'individu — au niveau des besoins du moi.

Les interdits et les modèles de comportement intériorisés pendant l'enfance vont donc toute la vie déterminer en partie des choix, des attitudes et des comportements sans qu'on en soit conscient. À moins qu'on entreprenne une démarche de conscientisation. Il est important dans le présent contexte de noter qu'il ne s'agit pas seulement des interdits, mais aussi des modèles, donc des idéaux. C'est ainsi que se forme une morale inconsciente: le fondement d'un système de valeurs personnel calqué en grande partie sur celui de la société, à partir des messages, verbaux ou non verbaux, explicites ou implicites, reçus pendant l'enfance. Les parents, puis les personnes en autorité communiquent aussi à l'enfant, toujours dans l'intention plus ou moins consciente de lui permettre de s'adapter et de

«Il est important de noter qu'il ne s'agit pas seulement des interdits, mais aussi des modèles, donc des idéaux.»

survivre dans la société, des messages sur la façon de se comporter sur tous les plans, à partir de leurs propres expériences, de leurs croyances ou de leurs convictions — à partir en somme de leurs propres conditionnements, comme aussi d'ailleurs de leurs propres névroses.

L'enfant peut donc se retrouver, comme c'est souvent le cas, avec des modèles contradictoires: un qui lui dicte par exemple de ne pas voler et l'autre, de ne pas se faire prendre... Ce que nous transmettent les grandes personnes, c'est donc en partie le système de valeurs dont elles ont elles-mêmes hérité. Ce qui explique comment il se fait que, la période de contestation de l'adolescence passée, le jeune finit bien souvent par avoir à peu près les mêmes valeurs que ses parents, et à communiquer à son tour à ses propres enfants à peu près les mêmes messages! L'enfant se retrouve éventuellement avec un surmoi plus ou moins exigeant, selon que les messages de l'autorité au sens large se seront imposés avec plus ou moins de pression; mais aussi selon que son insécurité aura été plus ou moins grande, ce qui aura eu pour effet de le rendre plus ou moins réceptif. Il est évident par exemple que si on insécurise un enfant, il aura plus tard tendance à être plus conformiste.

Selon Freud, le surmoi prend appui sur les instincts de mort qui ont pour fonction de refréner les instincts de vie tendant vers la sexualité et le plaisir. La recherche du plaisir ne doit pas s'entendre ici au sens restreint qu'on lui donne généralement, mais plutôt comme la satisfaction de besoins individuels. Y compris le besoin de réalisation de l'être — ce point est particulièrement important dans le présent contexte — besoin qui ne paraît pouvoir être satisfait qu'en se libérant relativement de l'identification au surmoi. Cet endiguement des instincts de vie par le surmoi est surtout évident dans les sociétés dont les structures sont rigides, de type totalitaire ou patriarcal, tel que notre société judéo-chrétienne où par exemple s'occuper de soi apparaît souvent comme une démarche narcissique, donc condamnable. Notre société, je crois important de le souligner, est dominée par le parent intérieur. Pour avoir vécu quelques mois dans une société — la Polynésie — qui était encore à l'époque dominée par l'enfant intérieur, je comprends mieux par comparaison comment se définit la nôtre: on la croit adulte, alors qu'elle est principalement parentale. Or, il y a entre les deux — l'adulte et le parent — une différence non pas de degré, mais de nature.

Pour vivre harmonieusement, il est nécessaire de trouver un équilibre entre les deux tendances: entre les instincts de vie et les instincts de mort. Si les instincts de vie ne sont pas relativement endigués, il y a risque de débordement. Ce qui est vrai non seulement du point de vue social, mais aussi par rapport à l'équilibre de l'individu lui-même, dans la mesure où le surmoi a précisément pour fonction d'étayer l'être social rendant ainsi possible son intégration dans le monde. Mais cet endiguement nécessaire des instincts de vie ne va pas sans une contrainte exercée sur l'individu lui-même au niveau du moi. On trouve ici l'opposition entre le plaisir et le devoir: le plaisir — toujours au sens de la satisfaction de besoins individuels — étant associé au moi; et le devoir, au surmoi. Le moi cherche à s'affranchir, à se libérer des contraintes qui l'empêchent de se réaliser, en particulier de celles que lui impose le surmoi; alors que le surmoi a pour fonction au contraire de limiter la satisfaction des besoins individuels au profit de l'être social. Un équilibre dynamique entre les deux tendances est nécessaire pour s'épanouir harmonieusement. Or, on note précisément chez les candidats au burn-out que le moi est asservi souvent au profit du surmoi.

Dans la pratique, les situations sont rarement aussi tranchées. On fait souvent des choix qui sont inspirés à la fois par les deux tendances: de vie et de mort, de stimulation et de sécurité, certains choix pouvant même être l'effet d'un compromis entre les deux. C'est ainsi par exemple que dans ma vie personnelle, la paternité me paraît tenir à la fois du devoir et du plaisir; comme par ailleurs de jouer tel ou tel rôle social. Et que mon orientation professionnelle me paraît aussi s'inspirer de ces deux aspects opposés, mais complémentaires, de mon psychisme.

Mais relativement au burn-out, que ce soit pour le prévenir ou le guérir, il est capital de m'interroger sur l'influence respective de ces deux tendances. Dans le choix que j'ai fait d'une carrière ou dans l'orientation que j'ai prise dans telle circonstance de la vie, ai-je obéi au moi dans sa recherche du plaisir — de la satisfaction de besoins individuels; ou au surmoi dans la recherche de la satisfaction qu'on trouve plutôt dans l'accomplissement du devoir, non sans un asservissement du moi, en se conformant à certains messages, à certains modèles, ou encore à certains idéaux imposés par le parent intérieur — et dans quelle proportion? Aussi longtemps que mes attitudes et mes comportements s'inspirent surtout du surmoi, je m'identifie à mon aspect parental ou j'en suis l'enfant docile ou rebelle. Ce qui revient à dire que j'ai toujours quelque chose à prouver à mon parent intérieur — qui n'est jamais satisfait de moi. Je n'agis donc pas en tant que moi, en tant qu'individu relativement autonome, mais je réagis en me soumettant à l'influence souvent totalitaire d'un surmoi qui cherche à me dominer. Je vis alors en fonction des pressions qu'il exerce, et je m'identifie à lui ou je me soumets à lui. Ce qui

«Le moi cherche à s'affranchir, à se libérer des contraintes qui l'empêchent de se réaliser, en particulier de celles que lui impose le surmoi...»

a sans doute pour effet positif de diminuer mon angoisse, en me conciliant les bonnes grâces de l'autorité en moi — mais au prix de mon autonomie.

Le surmoi assume plus précisément à l'égard du moi un triple rôle: d'observation, de censure et de modèle. Le parent intérieur me regarde vivre: il est dans mes pensés, il entend ce que je dis, il porte un jugement sur mes actions. Cet aspect autoritaire que je porte en moi à l'état latent peut se manifester à n'importe quel moment — menace qui est une grande source d'angoisse. La solution paraît donc de se conformer à ses diktats, afin de vivre en paix avec cet aspect menaçant de moi-même. D'autant plus qu'il peut aussi agir comme censeur: il devient alors répressif en m'imposant des normes plus élevées, ou punitif en favorisant des états de mal-être physiques ou psychiques, si je ne pense pas ou n'agis pas selon ses diktats. Enfin, toute la vie, il me propose des modèles de comportement, des idéaux. C'est peut-être le rôle le plus important dans le présent contexte: la fonction incitative — et positive — du surmoi qui nous propose des modèles de respectabilité et de réussite sociales. Ce rôle du surmoi est déterminant dans le choix d'une profession, de même que dans la manière dont on se définit en tant qu'être social. Mais pour positive qu'elle soit, cette fonction incitative du surmoi n'en comporte pas moins un piège: plus l'engagement est total, plus les attentes inconscientes sont grandes et plus pénibles les frustrations qui peuvent en découler. Se donner à un idéal jusqu'à s'oublier en fonction de valeurs véhiculées par le surmoi, comporte toujours un risque... Car ce qui est oublié, en somme, n'est-ce pas le moi?

Avec le temps pourtant, il devient de plus en plus difficile d'admettre qu'on ait pu être aussi réceptif dans l'enfance. On a beau trouver dans la sagesse populaire des formules comme celle de 'l'âge tendre' qui témoigne bien de cet état, on n'en considère pas moins comme un peu facile d'expliquer, ne serait-ce qu'en partie, un choix de carrière par une suggestion souvent inconsciente de la mère ou du père, ou par une attitude des parents face à la vie, ou encore par un drame personnel vécu dans l'enfance. Et s'il s'agit de l'influence possible ou probable d'un proche ou d'un étranger, c'est encore plus difficile!

Dans le cadre d'ateliers que j'ai animés à une époque sur la prévention et la guérison du burn-out, de nombreux témoignages sont venus confirmer la théorie de la formation du surmoi. Il me revient par exemple le témoignage d'une personne qui s'est souvenue qu'un jour, alors qu'elle 'jouait à l'école' avec ses camarades, une vieille tante en visite à la maison voyant que la petite 'était' l'institutrice, lui dit sur un ton approbateur: "J'étais certaine que ce serait toi... qui enseignerais aux autres!" Il peut sembler impossible au premier abord et même pour tout dire un peu puéril, qu'une remarque qui paraît aujourd'hui aussi peu significative, faite dans des circonstances aussi ordinaires, ait pu avoir l'effet d'un renforcement au point de contribuer plus tard à l'orientation professionnelle de cette enfant. Et pourtant, c'est le cas: elle est aujourd'hui institutrice. Mais sans doute pourrait-on objecter qu'elle devait déjà avoir un certain attrait pour ce rôle... puisqu'elle le jouait. C'est bien pourquoi du reste j'ai parlé de renforcement. D'autres facteurs sont intervenus, c'est évident, tels que les aptitudes personnelles. Mais il se trouve que, dans le cadre de cet atelier, cette personne s'est tout à coup souvenue de cet incident et que ce souvenir était accompagné d'une émotion qui lui tira quelques larmes... Elle venait de retrouver l'émotion de l'enfance. Et il ne fait plus de doute pour elle que cet incident, avec d'autres facteurs, ait contribué à déterminer son orientation.

Mais la suggestion verbale est loin d'être la forme de conditionnement la plus déterminante. L'enfant est très attentif à tout ce qui se passe autour de lui: il observe tout ce que font les grandes personnes dont il commence très tôt à imiter les attitudes et les comportements. C'est pour lui, je le rappelle, une question de survie dans l'environnement physique et psychosocial: que faut-il faire pour devenir une grande personne? Car tel est son objectif: ne plus être un jour aussi dépendant et vulnérable. Et c'est le sentiment de son infériorité qui le rend aussi réceptif aux suggestions. Les Soufis enseignent que si on veut connaître quelqu'un, il ne faut pas écouter ce qu'il dit, mais plutôt regarder ce qu'il fait... Et c'est bien ainsi qu'agit l'enfant qui observe avec attention les grandes personnes jusqu'à s'imprégner d'elles. La meilleure éducation, comme on sait, consiste à être le modèle de ce qu'on veut communiquer. Le message, c'est le messager. On ne peut communiquer que ce que l'on est. Et c'est bien ce que l'enfant reçoit de nous: ce que nous sommes... C'est aussi le message que nous avons nous-mêmes reçu des personnes en autorité: ce qu'elles ont été.

«Mais la suggestion verbale est loin d'être la forme de conditionnement la plus déterminante.»

Il me revient un exemple d'une communication non verbale qui fut déterminante dans un choix de carrière. Une petite fille qui devait avoir quatre ou cinq ans se blesse en jouant. La mère intervient aussitôt. Ce n'est pas la première fois qu'elle intervient de la sorte, on s'en doute. Mais ce genre d'intervention n'avait pas encore fait l'objet d'un engramme (*) chez l'enfant. Mais ce jour-là, une émotion nouvelle est ressentie par l'enfant: une émotion qui provient d'un élan d'identification à la mère qui soigne et qui guérit. Et cet incident, pour ordinaire qu'il puisse paraître, fut pourtant un des facteurs qui ont joué dans le choix de carrière de cette enfant — qui est aujourd'hui infirmière... À quelques détails près, cet exemple trouverait à s'appliquer à de nombreux choix de carrière, en particulier chez les femmes oeuvrant dans le domaine de l'enseignement et des affaires sociales. Il illustre bien comment peut jouer le mécanisme d'identification. Il existe entre la mère et la fille une interaction complexe qui commence par l'acceptation du modèle maternel par l'enfant et se poursuit par son rejet au moment de l'adolescence, alors que la jeune fille, dans son désir d'affirmer son individualité, a besoin de croire qu'elle pourra faire mieux que sa mère en tant que femme. Bien qu'elle entretienne en même temps certains doutes sur sa capacité d'y parvenir, surtout si la mère lui impose plus ou moins consciemment un modèle exigeant. Et il faut reconnaître que beaucoup de mères 'en remettent', comme on dit, compensant pour les doutes qu'elles entretiennent elles-mêmes en secret quant à leur valeur en tant que femmes, épouses ou maîtresses. Ce qui les incite parfois à s'investir lourdement dans leurs fonctions maternelles... Et la petite fille se demande plus ou moins consciemment si elle parviendra un jour à la hauteur d'un tel modèle. Comment dépasser le modèle que représente la mère? Cette question est la plus importante que puisse se poser une fille à un moment de son évolution. Qu'elle en soit aujourd'hui consciente ou non. Et la réponse à cette question, elle se trouve parfois dans le fait pour la fille de se spécialiser dans l'une ou l'autre des nombreuses fonctions maternelles, comme par exemple celle de soigner ou d'enseigner, de façon à égaler ou même à surpasser le modèle maternel par le biais de cette spécialisation. Mais ce qui est aussi par ailleurs une façon de se conformer aux attentes du parent intérieur et d'apaiser ses rigueurs.

Malgré l'intérêt que puisse présenter l'identification d'un parent ou d'une personne qui aurait contribué plus spécialement à la formation du surmoi, il est important de préciser que le parent intérieur est une production de l'imaginaire. Il ne correspond donc pas comme tel à un parent en particulier, pas plus qu'à la somme des influences parentales au sens large, comprenant l'influence de toutes les figures d'autorité de l'enfance: il en est plutôt le produit. Les parents absorbés finissent par former une image de l'autorité,

---

(*) «Trace laissée dans le cerveau par un événement du passé individuel». **Le Petit Robert - 1.** Ce n'est pas l'événement lui-même, mais l'émotion ressentie qui détermine la qualité de l'engramme.

sur laquelle on projette des pouvoirs et des qualités qui tiennent pour ainsi dire de l'absolu. Je me souviens d'avoir lu au menu d'un restaurant le petit entrefilet suivant: «Tarte aux pommes — comme celle que vous croyez que faisait votre mère...» Intéressante allusion au fait que la tarte aux pommes en question participe à l'image que je me suis faite de ma mère. C'est une tarte aux pommes qui relève, si je puis dire, de l'absolu...

Quand je parle de la nécessité de se redéfinir par rapport au parent intérieur, l'entreprise ne suppose donc pas nécessairement de faire le point avec les parents réels ou les figures d'autorité qui ont pu contribuer à la formation du surmoi — ce qui n'exclut pas l'intérêt dans certains cas de redéfinir ses rapports avec des êtres réels; mais consiste plutôt essentiellement en une confrontation du parent qu'on porte en soi, tel qu'il se trouve dans la psyché. Ce qui revient en fait à la nécessité de confronter en soi le mythe de l'autorité.

C'est ce parent mythique qu'on projette sur les figures d'autorité, à commencer bien souvent par les parents réels qu'on ne perçoit pas tels qu'ils sont, mais tels qu'on les porte en soi; de même que sur les personnes qui jouent un rôle d'autorité dans la société ou remplissent cette fonction dans ma vie: le patron, le médecin, le premier ministre, et souvent aussi le conjoint sur lequel on projette son parent intérieur, ou la conjointe; ou encore, toute personne qui offre l'image de l'autorité par la situation ou la fonction, voire même par l'apparence physique — par exemple les cheveux blancs...

«C'est ce parent mythique qu'on projette sur les figures d'autorité...»

À la limite, c'est aussi l'image de Dieu dans son aspect parental que j'ai intériorisée, soit sous l'aspect du parent nourricier, soit sous celui du parent autoritaire ou répressif, et le plus souvent sous les deux aspects à la fois. Ce Dieu, en tant que mythe de l'autorité, inspire souvent les attitudes et les comportements; comme aussi du reste certains choix importants — je pense en particulier à certaines vocations.

Aussi longtemps que je n'ai pas pris conscience de mon parent intérieur, que je n'ai pas redéfini mon attitude par rapport à cet aspect de ma psyché, je vais donc continuer de projeter cette image parentale sur les personnes en autorité et entretenir avec elles des rapports difficiles. Cette projection — et la confrontation qui s'ensuit — est souvent à l'origine de beaucoup de stress. Et plus spécialement du burn-out. Bien souvent, je m'entête à croire que c'est la relation réelle avec telle ou telle personne en autorité qui est l'obstacle, alors que c'est le plus souvent la relation que j'entretiens avec l'aspect parental de ma propre psyché qui est à l'origine de mon mal-être. C'est donc en fait par rapport au parent intérieur que je dois me redéfinir.

Pendant plusieurs années, comme je l'ai dit plus haut, j'ai animé des ateliers sur le burn-out. Les ateliers offrent un grand avantage sur les livres: celui d'amener les participants, à travers un partage de leurs expériences, à prendre mieux conscience de l'influence que leur parent intérieur a exercée dans leur vie, en particulier dans le choix d'une carrière, ou encore à travers la dimension vocationnelle de leur démarche sur les plans professionnel et personnel.

Il ne s'agit pas pour autant de remettre en question l'orientation professionnelle, pas plus que certains choix personnels, mais plutôt de se libérer de l'impression qu'on agit par devoir. Cette libération, qui découle d'une réévaluation des priorités en fonction du moi et non plus du surmoi, permet d'échapper au sentiment pénible que la vie est une corvée. Il arrive bien sûr qu'une telle réévaluation entraîne la remise en question de l'orientation professionnelle ou de certains choix personnels; mais le plus souvent elle entraîne surtout des changements au niveau des attitudes, des comportements et des attentes.

Dans le cadre d'un atelier, les participants sont donc invités à partager leurs expériences, de façon à s'éclairer les uns les autres et à favoriser par cet échange des prises de conscience. Le témoignage de l'un stimule le processus de conscientisation de l'autre; car, en définitive, même si les conditions de vie et les circonstances peuvent être différentes d'une personne à l'autre, le phénomène demeure le même.

Parmi les témoignages que j'ai recueillis, il en est un qui me revient souvent à l'esprit quand j'aborde la question du burn-out. Il s'agit d'un témoignage qui illustre bien comment un événement dans certaines conditions peut contribuer à déterminer un choix de carrière.

C'est le témoignage d'une jeune femme.

Elle devait avoir quatre ou cinq ans, lorsque sa mère dont la santé est fragile tombe gravement malade. L'entourage parle de 'crise'. On appelle le médecin. L'attente paraît interminable. L'inquiétude est grande. Mais le médecin s'en vient. Pourvu qu'il ne tarde pas trop car la crise devient plus aiguë. La mère se plaint. Que faire en attendant? L'enfant se demande: "Est-ce que maman va mourir?" Mais le médecin s'en vient. "C'est un excellent médecin, dit le père. Il va la tirer de là..." Mais le médecin arrivera-t-il à temps? C'est la question que personne n'ose formuler. "Pourquoi maman est-elle malade? De quoi souffre-t-elle?" L'enfant est brutalement confrontée au mystère de la vie. Autour d'elle, personne ne peut répondre aux questions qu'elle se pose... Après une attente qui semble une éternité, le médecin arrive enfin. Il retire son paletot. Il écoute un moment ce que le père lui dit. Il demande des précisions. Sa voix rassure tout le monde. Il a l'air de savoir. Il finit par entrer dans la chambre et referme la porte derrière lui. Après un moment, il en sort pour demander quelque chose que le père s'empresse d'aller chercher. Le médecin a retiré sa veste. Sur une table dans la chambre, on peut voir sa trousse entrouverte, quelques fioles, une seringue. La mère se plaint toujours. Mais le médecin demeure calme. Le père revient. La petite, attérrée par l'angoisse, suit le déroulement de cette scène avec une grande attention. La porte de la chambre se referme encore une fois. Cinq minutes plus tard, le médecin en sort. Il a remis sa veste. Il tient sa trousse à la main. Tout est sous contrôle. Déjà, la douleur s'apaise. "N'ayez pas d'inquiétude, dit-il. Demain, il n'y paraîtra plus..." "Alors, pense la petite, maman va vivre. Le médecin l'a sauvée..."

Il n'est peut-être pas étonnant que cette enfant soit devenue ce qu'elle est: un médecin. Le médecin sait ce qui ne va pas. Pour lui, la vie semble n'avoir pas de mystère. Il impose le respect: le père écoutait attentivement tout ce que lui disait le médecin. Comprendre ce qui se passe, atténuer les souffrances. Être estimé, admiré, aimé...

«Etre estimé, admiré, aimé...»

Je ne prétends pas que les petites filles qui ont vécu une expérience semblable deviennent toutes médecins. Il est évident que cette expérience ne représente dans ce cas, comme dans tous les exemples que j'ai donnés de choix de carrière, qu'un facteur parmi d'autres. Il demeure qu'il s'agit d'un facteur déterminant.

Mais ce témoignage comporte un autre volet.

La jeune femme médecin rapporte en effet qu'elle a poursuivi ses études, du moins les premières années, avec beaucoup d'enthousiasme. Aussi longtemps sans doute qu'elle trouvait les réponses à ses questions d'enfant concernant la vie humaine. Mais après quelques années, les études devenant plus spécialisées, l'étudiante avait de plus en plus l'impression de s'éloigner des questions fondamentales. Sa faculté d'émerveillement s'était sans doute émoussée. Et sa motivation, qui, jusque-là, procédait de l'émotion, devait désormais prendre davantage appui sur la raison. À plusieurs reprises, elle a voulu abandonner ses études. Pourtant, elle a tenu bon. Et le jour de la collation des diplômes, revêtue de la toge traditionnelle, elle reçoit à son tour le sien des mains du recteur de l'université. Puis elle va trouver ses parents dans la salle de l'auditorium où se déroulait la cérémonie. C'est alors que son père lui dit: "Laisse-moi un moment tenir dans mes mains ton diplôme... J'aurais tant voulu faire des études et devenir médecin..." Et la jeune femme comprend tout à coup qu'elle a terminé ses études pour répondre aux attentes de son père.

Est-ce à dire que cette jeune femme devrait renoncer à sa carrière de médecin? Non pas. Mais elle devrait renoncer à faire carrière pour se conformer au modèle que lui impose son parent intérieur et se libérer des attentes excessives qu'elle entretient par rapport à sa profession. Autrement dit, redéfinir sa vie à partir d'une vision plus juste.

«Il s'agit donc en somme de prendre conscience de l'influence parentale afin d'échapper, selon le cas, à la soumission ou à la rébellion aveugle qu'inspire le surmoi.»

Il s'agit donc en somme de prendre conscience de l'influence parentale afin d'échapper, selon le cas, à la soumission ou à la rébellion aveugle qu'inspire le surmoi. Tant qu'on n'a pas confronté le parent en soi, l'analyse des conditions de travail et leur amélioration, de même que les pratiques d'un art de vivre auront peu de prise. La conscientisation du surmoi représente un préalable à tout le reste. Il importe de se libérer d'abord, au moins relativement, des conditionnements qui empêchent d'objectiver la situation dans laquelle on se trouve, et de redéfinir ses attitudes, ses comportements et surtout ses attentes sur tous les plans, en fonction du moi.

Car il est impossible de se centrer en fonction du surmoi — pour la raison qu'il n'est pas au centre de l'être. Ce qui est au centre, c'est le moi. Le plus souvent un moi étouffé par des conditionnements qui se traduisent par des patterns de fonctionnement qu'entretient le parent intérieur. Plutôt que de chercher toute sa vie à apaiser le surmoi, il faut donc plutôt se réconcilier avec le moi.

Je ne puis être moi-même que si je parviens à me libérer, au moins relativement, des conditionnements de l'enfance. Ce qui ne signifie pas de jeter par-dessus bord les valeurs qui m'ont été communiquées, mais de les reconsidérer en fonction du moi et de ses priorités.

Vivre en fonction du surmoi, c'est vivre comme si la vie était une corvée. Avez-vous souvent l'impression que la vie est une corvée? Mais le plus souvent, on refuse d'admettre l'évidence parce qu'on ne veut pas s'avouer qu'on s'est leurré sur ses motivations pendant tant d'années... Il faut pourtant à un moment trouver le courage de se voir d'un oeil à peu près objectif. Si la vie vous paraît une corvée, c'est un signe. Car la vie est un jeu. Il y a du moins une grande part de jeu dans la vie. Si vous avez des doutes à ce sujet, reportez-vous à l'enfance afin d'en retrouver la magie. Pour rendre le quotidien tolérable, il faut faire une place à l'imaginaire. C'est dans cet espace privilégié que se crée la vie. Tout est affaire de créativité. Et c'est de la créativité que découle la joie de vivre.

Pour sortir de l'impasse d'un burn-out ou éviter d'y être entraîné, il faut trouver un nouvel équilibre qui satisfasse relativement aux exigences du surmoi, tout en permettant au moi de s'épanouir. Il faut se dire par exemple: je consacre tant d'heures par jour à répondre aux attentes de mon parent intérieur, le reste de la journée m'appartient...

Le burn-out est une crise. Et comme toutes les crises, il fournit une occasion de se redéfinir. Cette redéfinition passe d'abord par la prise de conscience de ce que représente le surmoi dans ma vie: de qui donc suis-je l'esclave? Quel est donc ce tyran qui m'habite? Cette prise de conscience permet de procéder à une réévaluation de ses priorités en fonction du moi. Et c'est ainsi que le burn-out devient une épreuve dont on sort grandi, une étape vers la réalisation de l'être.

«Le burn-out est une crise. Et comme toutes les crises, il fournit une occasion de se redéfinir.»

Il ne s'agit pas de vouloir éliminer le surmoi de sa vie. Ce qui d'ailleurs est aussi impensable qu'absurde. Sa suppression, en supposant qu'elle fût possible, entraînerait le chaos, donc la folie. Car le surmoi, qui a pour fonction d'ordonner les forces vitales par rapport aux normes sociales, est aussi par ailleurs l'instigateur en chacun de nous de la réussite au plan social et matériel. Plus précisément de la réussite en termes d'avoir et de pouvoir, par rapport aux besoins instinctifs de sécurité et de stimulation; alors que la réussite en termes d'être, c'est-à-dire par rapport aux besoins intuitifs, en particulier du besoin d'identité, est d'un niveau de conscience supérieur et découle de la réalisation progressive de l'être.

«... plus la personnalité de l'enfant s'éveille tôt, plus il est réceptif au message de l'autorité...»

En terminant cet exposé, je voudrais soulever un point qui a été pendant plusieurs mois au coeur de mon interrogation. J'ai déjà dit que les candidats au burn-out se recrutent souvent parmi les éléments les plus intéressants de la société. Comment se fait-il que l'existence de la plupart d'entre eux est très souvent dominée par le parent intérieur? La réponse à cette question a quelque chose d'un peu troublant, surtout si on la considère du point de vue de l'éducation. En effet, plus la personnalité de l'enfant s'éveille tôt, plus il est réceptif au message de l'autorité... L'un ne va pas sans l'autre. On retrouve ici l'équilibre nécessaire dans tout système entre l'accélération et le freinage. On pourrait même aller jusqu'à dire: plus un enfant est éveillé au niveau du moi, plus il sera conditionné au niveau du surmoi! Ce qui explique pourquoi ceux qui ont le plus de difficultés à s'affranchir des modèles et des attentes du surmoi sont aussi très souvent ceux dont la personnalité est relativement plus éveillée que la moyenne. Je suppose que c'est le prix qu'il faut payer.

L'IDENTIFICATION AU 'PARENT INTÉRIEUR'

Il y a deux situations où l'identification au parent comporte un risque particulier:

  ❑ lorsque le rôle social — ou la fonction même — procède de l'image parentale;

  ❑ et lorsque la recherche du pouvoir a surtout pour objet inconscient de magnifier l'aspect parental au détriment des autres aspects du fonctionnement.

Ce que nous allons maintenant examiner.

Le poids de l'image parentale

C'est bien souvent dans les professions ou métiers à image parentale que se recrutent les candidats au burn-out; alors qu'on incarne l'autorité, ou qu'on est soi-même une figure d'autorité à laquelle on en vient à s'identifier — le personnage social ou 'persona' ayant pour ainsi dire envahi la personnalité. On pourrait aussi parler du risque d'inflation de l'image 'vocationnelle' que renforce la relation de dominant/dominé favorisée par certaines professions. Ce qui est parfois le cas par exemple du médecin dans sa relation avec ses patients, de l'enseignant avec ses élèves, du patron ou du cadre avec ses employés. Alors que les attitudes et les comportements dans la vie personnelle, à moins qu'on exerce une certaine vigilance, finissent par être déterminés par la 'persona'.

"Je n'ai rien contre la police. J'en ai peur."
Alfred Hitchcock

«L'identification au rôle comporte souvent le risque d'envahir la vie personnelle...»

L'identification au rôle ou à la fonction découlant de la pratique d'une profession ou d'un métier comporte souvent le risque d'envahir la vie personnelle, de sorte que ceux qui l'exercent deviennent pour ainsi dire prisonniers de leur personnage. C'est parfois le cas du policier par exemple, ou du juge. Mais aussi de toute profession ou métier à image parentale qui tend à déborder, influençant ou déterminant en partie les attitudes et les comportements dans la vie personnelle. On ne se libère pas de l'identification à l'autorité par le simple fait de retirer son uniforme de policier, encore moins sans doute sa toge de juge. Mais on peut en dire autant du sarrau du médecin, comme aussi de la cravate et de l'attaché-case de l'homme ou de la femme d'affaires. Ne dit-on pas que "l'habit fait le moine"? On parvient difficilement à laisser au vestiaire les attitudes et les comportements dictés par un rôle ou une fonction à image parentale.

Cette identification détermine donc bien souvent les activités de loisirs, comme aussi bien les relations personnelles. Mais curieusement, on peut parfois observer le phénomène dans l'autre sens: il suffit de découvrir, en vacances par exemple, que le jeune homme sympatique avec lequel on converse depuis un moment exerce le métier de policier pour qu'une certaine censure commence à intervenir dans les propos. J'allais écrire: dans les aveux...

Cette censure, elle est toujours ressentie par ceux qui font un métier ou une profession à image parentale. Elle a même un effet de renforcement. Au point que, pour revenir à mon exemple, un 'policier en vacances' éprouvera souvent de lui-même le besoin d'avouer... qu'il est policier, afin d'éviter le malaise que pourrait éprouver un interlocuteur qui découvrirait 'trop tard' qu'il s'entretenait avec un représentant de l'ordre... Qui d'entre nous au cours de son existence n'a pas été un jour ou l'autre dans l'irrégularité, pour ne pas dire dans une certaine illégalité? Ou, du moins, en dehors des sentiers de la conformité? Bien que la même réaction puisse aussi se rencontrer chez celui qui n'aurait rien à se reprocher! Car ce qui en fait déclenche la réaction, c'est de se trouver en présence d'une personne qui représente l'autorité.

Je parle des policiers. Mais je pourrais en dire autant des juges. Ou des médecins devant lesquels on se demande si on peut fumer. Ou des entrepreneurs de pompes funèbres avec qui il paraît difficile au premier abord de blaguer... Ne sont-ils pas les exécuteurs des hautes oeuvres de la Grande Autorité? Etc.

Cette identification, qui influence les attitudes et les comportements en général, est souvent déterminante dans la vie personnelle et jusque dans la vie intime.

Du point de vue psychologique, l'identification se fait avec le parent intérieur. Ce qui laisse peu de jeu à l'enfant intérieur: il n'y a guère dans ce cas que l'enfant docile qui puisse s'exprimer, jamais l'enfant rebelle. Et c'est ici qu'apparaît la difficulté: plus précisément dans la nécessité où se trouvent ceux qui assument de telles fonctions de compenser pour les rigueurs imposées par le personnage, en se rebellant. Ce qu'ils sont dans l'impossibilité de faire ouvertement... sauf exception!

Les exutoires sont donc généralement aussi discrets que possible. On constate par exemple que l'alcoolisme est relativement élevé dans la plupart des professions à image parentale. Et pour ce qui est de l'enfant naturel — ni docile, ni rebelle — dont je parle plus loin, il est évident que l'identification à l'image parentale l'empêche de s'exprimer, alors que sa libération représente justement la meilleure thérapie dans le cas d'un burn-out. L'identification à l'autorité peut aussi entretenir un sentiment de rejet et de frustration qui est à l'origine d'états dépressifs et peut inspirer par réaction certaines manifestations d'autoritarisme.

On observe donc que l'identification au parent intérieur chez ceux qui exercent une profession ou un métier à image parentale, avec les attentes et les frustrations qu'elle entraîne, favorise bien souvent le burn-out.

«On constate que l'alcoolisme est relativement élevé dans la plupart des professions à image parentale.»

Le poids du pouvoir

Le désir inconscient de s'identifier au parent intérieur est l'une des grandes motivations obscures qui poussent certains individus à rechercher toujours plus de pouvoir personnel.

On trouve généralement dans la recherche du pouvoir un désir inconscient de répondre aux attentes du parent intérieur en se rapprochant le plus possible de l'image de la réussite héritée des conditionnements de l'enfance. Ce n'est pas nécessairement la seule motivation, mais elle entre toujours pour quelque chose dans la recherche du pouvoir. Elle exprime en fait une volonté inconsciente de s'identifier encore davantage au parent, en devenant soi-même l'autorité. Ce qui permet par ailleurs de satisfaire à la fois le besoin de sécurité et celui de stimulation. Mais les attentes du parent intérieur sont de l'ordre pour ainsi dire de l'absolu, donc impossibles à satisfaire quoi qu'on fasse. Il faudrait accéder à toujours plus de pouvoir... Sans compter que le désir inconscient de s'identifier à l'autorité par la recherche du pouvoir cache aussi parfois un sentiment d'infériorité ou de culpabilité. Et plus le besoin d'identification est grand, plus les affrontements avec soi-même entre les divers aspects de la personnalité sont dramatiques; de même qu'avec l'entourage par suite de la projection que l'on fait de ces aspects sur les autres.

Pour occuper une position de pouvoir avec un minimum de tension, il faut que d'autres mobiles que l'identification au parent entrent pour beaucoup dans la motivation. Ces autres mobiles ne peuvent venir que du moi: à partir d'une démarche visant à se définir en fonction de l'adulte. Ce qui suppose déjà une certaine autonomie, et que la recherche ou l'exercice du pouvoir ait cessé d'être un moyen de régler ses problèmes psychiques. Autrement dit, de ne plus avoir à prouver quelque chose aux autres et surtout à soi-même. De sorte qu'on exerce le pouvoir avec une certaine aisance.

Pour n'être pas une source de frustrations, de tensions et de conflits, la recherche ou l'exercice du pouvoir exige la capacité de maintenir une certaine distance, une bonne dose d'humour et de l'équanimité — qui ne sont pas des qualités du parent, mais de l'adulte.

Le pouvoir fait aussi des victimes, en particulier dans deux situations:

◆ chez les *'incompétents'*...

Les victimes du burn-out se recrutent aussi parfois parmi ceux et celles dont le stress professionnel résulte surtout de l'écart entre leurs aptitudes et les exigences de leurs fonctions. Mais la question de la compétence est complexe. Ces exigences peuvent être en effet aussi bien d'ordre personnel que professionnel. On peut être compétent au plan professionnel, posséder le savoir technique, sans l'être pour autant au plan personnel, c'est-à-dire ne pas avoir par exemple les qualités nécessaires pour diriger les autres. C'est rarement dans la compétence technique, mais plutôt dans les rapports qu'on doit entretenir avec les autres que le stress professionnel trouve sa principale source.

Il est évident que ceux qui, sur un plan ou sur l'autre, sont parvenus à leur 'niveau d'incompétence', pour reprendre la formule de Peter (*), rendent le milieu de travail stressant, non seulement pour les autres, mais aussi pour eux-mêmes. Or, à en croire le même Peter, on trouverait à tous les niveaux de fonctionnement de nos institutions, des personnes qui ont du mal à assumer leurs responsabilités, qui n'arrivent pas à fonctionner avec une certaine aisance. Autrement dit, qui sont 'incompétentes'.

«... ceux qui sont parvenus à leur 'niveau d'incompétence', rendent le milieu de travail stressant pour les autres, mais aussi pour eux-mêmes.»

On peut alors se demander pour quelles raisons ces personnes ont-elles accepté de telles responsabilités? Ou encore pour quelles raisons ont-elles bien souvent poursuivi avec un si bel acharnement des démarches pour accéder à des responsabilités pour lesquelles elles n'ont pas la compétence voulue?

C'est qu'il entre souvent dans la recherche du pouvoir une volonté inconsciente de sortir de l'anonymat aliénant où l'on se trouve dans la plupart des institutions typiques de notre société. La seule solution pour donner plus de contour à l'identité paraît alors de s'élever dans la hiérarchie. Donc, de devenir l'autorité en s'identifiant toujours plus au parent intérieur.

(*) Dr Laurence J. PETER, *Le Principe de Peter* (La Presse/Stock).

◆ ... et chez ceux qui occupent des postes de *'responsabilité sans le pouvoir'*.

Les victimes du burn-out se recrutent aussi bien souvent parmi ceux et celles qui occupent des postes de direction à un niveau intermédiaire d'une entreprise ou d'une institution, sans détenir le pouvoir de la changer ou de la transformer. Ce n'est donc pas parmi ceux qui occupent des postes de grandes responsabilités, contrairement à ce que l'on a pu penser à un moment, que se recrutent le plus souvent les candidats au burn-out. Dans la mesure où ceux qui occupent des postes de grandes responsabilités détiennent le pouvoir, ils sont donc rarement en inhibition de l'action: autrement dit, ils s'adaptent par l'action et non par la soumission. Ce sont surtout ceux qui occupent des postes intermédiaires qui sont le plus menacés.

Il en va de même du reste pour ce qui est des caractéristiques individuelles. On constate en effet que ceux qui exercent une certaine maîtrise sur leur vie en général, qui ont un sentiment de responsabilité personnelle (non pas de culpabilité), sont moins susceptibles de se retrouver en burn-out que ceux qui ont le sentiment que leur vie dépend surtout des autres et des conditions extérieures, autrement dit du destin. Ceux qui éprouvent un sentiment d'impuissance face au monde extérieur et face à eux-mêmes sont en général plus vulnérables.

Ce sentiment d'être au contrôle de sa vie et relativement responsable est aussi le propre de l'adulte.

TROIS MANIFESTATIONS
DU SURMOI
SOUVENT ASSOCIÉES AU BURN-OUT

Infériorité et culpabilité

Le parent intérieur entretient tout au long de la vie deux sentiments qui jouent souvent un rôle déterminant dans le burn-out et dans les maladies de civilisation en général: les sentiments d'infériorité et de culpabilité.

On n'est jamais à la hauteur des attentes du surmoi. Elles ne peuvent jamais être satisfaites, dans la mesure où le parent intérieur impose en fait de le dépasser, alors même qu'il apparaît comme infranchissable. Il représente à la fois pour ainsi dire le modèle et l'obstacle! D'où les sentiments d'infériorité et de culpabilité.

L'éducation repose en partie sur la culture des sentiments d'infériorité et de culpabilité. Et sans doute surtout la meilleure éducation: plus les parents sont soucieux de la formation morale de l'enfant et de sa réussite dans la vie, plus ils renforcent un conditionnement positif dans ce sens; mais plus ils cultivent aussi par ailleurs

**«L'éducation
repose en partie
sur la culture
des sentiments
d'infériorité et de
culpabilité.»**

les sentiments d'infériorité et de culpabilité, qui viennent en particulier de l'écart ressenti par l'enfant entre l'idéal proposé par les parents et l'image qu'il entretient de lui-même relativement à cet idéal. Sans compter que les parents et les maîtres projettent aussi sur l'enfant leurs propres sentiments d'infériorité et de culpabilité. C'est ainsi que les éducateurs peuvent suggérer, par leurs attitudes et leurs comportements autant que par leurs propos, que tout ce qui fait plaisir est coupable!

Au fond, on n'a jamais cessé de croire par exemple que la maladie est la punition du péché... Le malade est souvent convaincu d'avoir fauté: il ne s'est pas couvert, il a mangé ce qu'il ne fallait pas... «Toute la prévention, fait remarquer le Dr Norbert Bensaïd, repose dans ces mécanismes de la pensée, sur cette croyance: c'est notre mauvaise conduite qui nous rend malade. Les réactions au sida en sont une illustration presque caricaturale. Il est vrai que nous pouvons nous faire du mal, mais cela n'explique pas pourquoi nous ne pouvons nous faire du mal qu'en nous faisant plaisir...» (Vous croyez? in «Autrement — L'Ère du faux.»)

Tôt ou tard, sous peine de névrose, l'enfant devra donc s'affranchir de ses parents pour suivre sa propre voie, selon ses goûts, ses inclinations. Mais peu de parents admettent cet éveil de la personne chez l'enfant. La plupart au contraire donnent à entendre par leur attitude que l'enfant est coupable d'aimer ce qu'eux, les parents, n'aiment pas; de désirer ce qu'ils réprouvent et de se conduire autrement qu'ils ne l'attendent de lui. Ce qui démontre combien la tâche de l'éducateur est difficile et pleine d'embûches... On peut humilier par des reproches, mais aussi par des conseils. Un conseil cache bien souvent une critique voilée. Beaucoup de parents et d'éducateurs, qui savent mal doser leurs messages, paralysent les enfants à force de bons conseils — et avec la meilleure intention du monde. Mais comment faire autrement? La question revient toujours à la même ambivalence fondamentale: plus on éveille la personnalité (le moi), plus on contribue ainsi à la formation du parent intérieur (le surmoi). À moins que l'individu ne trouve éventuellement par lui-même une dynamique harmonieuse des divers aspects de sa psyché, la paralysie qui découle des conditionnements de l'enfance peut s'étendre à l'ensemble de l'existence. Et il vivra 'la vie des autres en lui', plutôt que la sienne propre comme individu (relativement) autonome.

Cette culpabilité quotidienne intéresse donc beaucoup médecins et psychologues. De même que le sentiment d'infériorité. Il est souvent difficile du reste de marquer une limite claire entre ces deux sentiments. Une infériorité est souvent ressentie comme une culpabilité: je me sens coupable par exemple de n'être pas doué (inférieur) pour les mathématiques.

Ces sentiments négatifs entretiennent chez l'individu une fatigue au plan psychique: je perds confiance en moi, je renonce à intervenir dans ma vie, je ne trouve pas le courage de vivre... Et cet état, comme je l'ai expliqué plus haut, se répercute au plan physique: le système de défenses s'en trouve diminué, offrant ainsi moins de résistance à la maladie.

La solution de cet état d'infériorité et de culpabilité paraît se trouver dans une prise de conscience du fonctionnement de ces mécanismes psychiques. Ainsi peut-on se libérer (relativement toujours) des conditionnements qui ont suscité et entretiennent ces sentiments négatifs, en devenant plus transparent à soi-même.

La solution se trouve aussi dans le fait d'être plus responsable de sa vie: non pas coupable, mais responsable.

Ce qui m'arrive me regarde. Je dois donc intervenir dans ma vie, autrement dit m'adapter, non plus par la soumission, mais par l'action. Devenir plus autonome.

Adulte.

«Ces sentiments négatifs entretiennent une fatigue au plan psychique...»

Le perfectionnisme

Il ne faut pas confondre la recherche de la perfection qui est un but que se donne le moi; et le perfectionnisme qui est une démarche imposée par le surmoi.

La recherche de la perfection ou de l'excellence est un objectif du moi; le perfectionnisme, une contrainte du surmoi.

La recherche de la perfection ou de l'excellence suppose une vue d'ensemble et se poursuit dans la durée; le perfectionnisme s'attache aux détails à court terme.

La recherche de la perfection ou de l'excellence passe souvent par des ajustements à une situation mouvante: pour le moi, 'le mieux est souvent l'ennemi du bien'; le perfectionnisme au contraire est intraitable sur ce point.

115

La recherche de la perfection ou de l'excellence est inspirée par le moi en fonction de priorités qui découlent de la dynamique des pressions extérieures et des exigences intérieures. Le perfectionnisme au contraire est inspiré par le surmoi: soit que je m'identifie au parent autoritaire, soit que je me comporte comme l'enfant docile qui agit toujours 'comme il faut'.

Le perfectionnisme peut aussi s'expliquer par une certaine confusion de l'être au plan psychique, confusion qui est source d'angoisse: le perfectionniste l'est souvent devenu pour se rassurer et soulager ainsi son angoisse. La peur du désordre en particulier découle souvent de la peur qu'inspire son propre chaos intérieur. On se conforme alors aux attentes du surmoi, en se comportant comme un enfant docile, afin d'apaiser le parent intérieur.

Le perfectionnisme représente un effort désespéré pour être enfin à la hauteur des attentes — qu'en somme on s'impose à soi-même...

L'altruisme

L'être humain est un animal social. De ce point de vue, la vie n'a de sens que dans l'interaction avec les autres. C'est un fait que la vie en société repose essentiellement sur l'échange d'informations, de services, d'objets. Ainsi pouvons-nous dire que nous vivons les uns pour les autres. Aussi bien alors le faire en pleine conscience. D'autant qu'une plus grande ouverture aux autres ajoute à la vie.

Mais pour se donner, encore faut-il d'abord s'appartenir.

L'altruisme ou l'idée qu'on s'en fait apparaît souvent comme une justification: je me projette dans mon intérêt pour les autres afin de justifier ma propre existence. Les autres me renvoient une image de retour qui a pour effet de renforcer mon identité. Il existe donc, au plan de l'image de soi, une interdépendance des êtres: nous avons besoin les uns des autres pour maintenir notre identité. Mais cette saine interdépendance, nécessaire à l'équilibre, peut devenir parfois une véritable dépendance.

"Dis-moi qui je suis..."

Lorsque la dépendance que j'entretiens à l'égard des autres est trop grande, c'est bien souvent que je ne parviens pas par moi-même à asseoir solidement mon identité: je demande alors aux autres de me dire qui je suis. Je ne suis pas vraiment autonome puisque je dépends des autres pour l'essentiel — qui est ma propre identité.

Les individus chez qui le surmoi a déterminé en grande partie l'orientation professionnelle, ou continue de déterminer l'attitude par rapport au travail, sont souvent plus dépendants des autres qu'ils ne le devraient pour assurer leur propre identité. Autrement dit, ils dépendent pour *être* de l'image de retour que leur renvoient les autres... Suis-je un bon patron? Un bon médecin? Une bonne institutrice? Une bonne mère? Les autres vont me le dire... Ou encore, est-ce que 'je' — dans mon aspect parental — suis fier de moi? Est-ce que 'je' — dans mon aspect enfantin — me comporte 'comme il faut'?

Alors que les individus dont l'orientation professionnelle ou l'attitude par rapport au travail a été plutôt déterminée par le moi sont en général moins dépendants des autres. Ils ont donc aussi moins d'attentes!

Je n'ai pas besoin qu'on me dise qui je suis...

Je dis bien: moins dépendants, car l'appréciation par les autres demeure capitale. Elle est une source de gratification et alimente l'estime de soi. Sans compter que l'appréciation par les autres ou son manque — en vertu du principe de rétroaction (feedback) en communications — permet de redéfinir les attitudes et les comportements, autrement dit d'orienter relativement l'adaptation. C'est ainsi qu'on peut dire qu'il n'y a pas d'altruisme au sens strict du terme: l'interaction avec les autres serait incomplète si je n'en recevais pas une image de retour qui alimente mon estime de moi-même et renforce mon identité.

«Je n'ai pas besoin qu'on me dise qui je suis...»

Mais si je suis relativement centré en fonction du moi, par suite d'une interaction dynamique et harmonieuse des divers aspects de la psyché, je suis plus autonome. Une forme d'altruisme plus authentique devient alors possible. Car au lieu de m'identifier au rôle ou à la fonction, je demeure relativement conscient de l'image que je projette: je suis alors moins dépendant des autres pour mon identité. Elle se tient debout par elle-même. Alors que si je ne suis pas centré, l'estime de soi devrait pour ainsi dire passer par le surmoi. Ce qui est un non-sens. Dans la mesure en effet où il est impossible de satisfaire le surmoi, il est donc tout à fait inconcevable que le parent intérieur puisse alimenter l'estime de soi. Car les **117** attentes viennent principalement de lui: c'est à lui que les autres à travers mon interaction avec eux doivent payer tribut. Et l'altruisme devient ainsi une vaine démarche visant surtout à apaiser le surmoi.

Les victimes de burn-out et de certaines maladies de civilisation ont souvent trop d'attentes parce qu'elles dépendent trop des autres pour leur propre identité.

On voit le piège — pour soi, mais aussi pour les autres.

"Dis-moi que tu as besoin de moi."

Dans certains cas, la dépendance de l'intervenant à l'égard du... (patient, client, employé, étudiant, citoyen...) est telle que sous couvert d'altruisme il cherche inconsciemment à le tenir sous sa coupe, plutôt que de favoriser son autonomie — et la sienne! — pour se rassurer et renforcer sa propre identité.

Qu'arriverait-il de moi si un jour je venais à manquer de ces images de moi-même que me renvoient ceux qui dépendent de moi? Du coup, je me sentirais inutile et mon estime de moi-même s'en trouverait diminuée. Et c'est ainsi que j'en viens à éprouver par anticipation une véritable angoisse de rejet. L'altruisme n'est plus alors qu'un immense paravent derrière lequel se cache ma peur d'enfant, ma peur d'être rejeté — par le parent.

Il va sans dire par ailleurs que moins je suis sûr de la qualité de mon intervention (très souvent sans raison du reste, mais l'infériorité et la culpabilité aidant...), plus j'ai besoin des autres, de leur dépendance pour me rassurer — et plus je l'entretiens.

«Or, la seule façon de me libérer des autres, c'est de les libérer de moi.»

La dépendance crée la dépendance. Car il ne s'agit plus ici de la saine interdépendance des individus — qui devrait plutôt s'entendre au sens d'interaction; mais de mon besoin de toi, de mon besoin de ta dépendance envers moi, afin que je puisse **être** à mes propres yeux.

Or, la seule façon de me libérer des autres, c'est de les libérer de moi.

Que j'entretienne plutôt une relation strictement professionnelle. Chaleureuse, affectueuse s'il est besoin, mais professionnelle. Quand je suis avec toi, je suis entièrement avec toi. Je ne pense pas aux autres, ni même à moi. Je vis l'instant présent. Et dans cet instant, j'investis dans notre relation sans arrière-pensée. Mais l'instant d'après, je serai ailleurs avec un autre, ou simplement avec

118

moi-même. Je ne veux pas te prendre en charge, je ne veux pas te retenir prisonnier de mon altruisme. Je veux au contraire que tu sois autonome. Et c'est ainsi que j'apprivoise ma propre autonomie. Alors que si ta dépendance m'est nécessaire, je cherche à l'entretenir: je t'enferme dans ta dépendance et du même coup je m'enferme aussi dans la mienne. Il nous devient alors impossible, à toi comme à moi, de croître. Travaillons donc ensemble dans une interaction ouverte à favoriser notre autonomie à l'un et à l'autre. Car si mon besoin de toi est trop grand, il envahit le champ de ma personnalité. Il ne représente plus un aspect de mon fonctionnement parmi d'autres, mais devient plutôt un manque qui empiète sur les autres aspects... C'est alors qu'on peut parler de névrose: lorsqu'un aspect de la psyché imprègne l'ensemble de la personnalité.

«...si mon besoin de toi est trop grand, il envahit le champ de ma personnalité.»

Mais en général je n'aime pas parler de ma dépendance, alors qu'en réalité c'est moi qui suis le plus dépendant. Je dis plutôt que les autres dépendent de moi et j'entretiens leur dépendance...

Je parle d'altruisme. Je dis que je vis pour les autres. Que je me donne.

Alors que pour se donner, redisons-le, il faut d'abord s'appartenir.

L'altruisme absolu n'est possible que pour un être qui aurait atteint lui-même le niveau de la conscience absolue — où tout participe de l'Un. Alors qu'il n'y a plus de distinction entre celui qui aide et celui qui est aidé. N'étant plus dans la dualité, cet être n'a plus à se projeter dans l'autre pour en recevoir une image de retour qui le rassure et renforce son identité. Il n'a plus à se projeter puisqu'**il est**.

Mais je parle ici de la réalisation absolue de l'être...

«Ce sont vos propres désirs, vos propres peurs qui bloquent votre compréhension et vous empêchent par là d'aider les autres. En réalité, autrui n'existe pas et en vous aidant vous-même, vous aidez les autres. Si vous prenez au sérieux les souffrances de l'humanité, vous devez perfectionner le seul moyen d'aide que vous avez: vous-même.»
SRI NISARGADATTA, *Je suis,* Les deux océans.

La 'fureur' de prendre en charge

Dans notre société à intégration poussée, un faux altruisme paraît recouvrir le phénomène de la prise en charge systématique des individus.

Il y aurait sans doute beaucoup à dire sur les motivations obscures de certains intervenants, en particulier dans le domaine de la santé et du bien-être.

«Il est une maladie dont aucun professionnel de la santé ne parle et qui n'est décrite dans aucun traité médical. Cette maladie contraint les sujets qui en sont atteints à rechercher toute personne souffrante et à tenter de la guérir de gré ou de force», écrit Pascal Prayez dans «La fureur thérapeutique ou la passion de guérir» (Retz).

Il s'agit à mon sens d'un ouvrage qui arrive à son heure.

«Il y aurait sans doute beaucoup à dire sur les motivations de certains intervenants...»

Et il continue: «Guérir autrui de gré ou de force apparaît parfois comme un curieux symptôme. Pourquoi tant d'individus, médecins, psychologues, psychanalystes ou même guérisseurs, sont-ils atteints de cette 'furor therapeuticus'? Les praticiens qui veulent du bien à leurs semblables ne sont-ils pas des malades qui s'ignorent? D'où leur vient ce sens aigu de la responsabilité qui frise parfois la culpabilité?»

Mais la dimension sociologique de la prise en charge dépasse largement l'intervention thérapeutique: on la retrouve aujourd'hui dans tous les domaines d'activités. À une époque de surspécialisation, l'individu se trouve pour ainsi dire démuni — jusqu'à être dans l'incapacité, par exemple pour un citoyen moyen, de remplir lui-même sa déclaration d'impôt... La tendance est de plus en plus à remettre aux autres la responsabilité de nos vies.

Le phénomène peut aussi être considéré de l'autre point de vue: non plus celui de l'individu intégré de force dans le système, mais de l'individu intégrateur, lui-même intégré par ailleurs, dont la survie dépend de son habileté professionnelle ou personnelle à prendre les autres en charge.

120 Sous couvert d'altruisme.

Hans Selye propose comme règle de conduite un comportement inspiré par ce qu'il appelle «l'*égoïsme altruiste*». Il explique à Georgette Goupil, dans *Hans Selye, la sagesse du stress* (Nouvelle Optique), qu'il ne croit pas à l'altruisme pur. «C'est un instinct naturel chez tous les êtres vivants que de s'occuper d'eux-mêmes. Et tous les principes moraux n'y changeront jamais rien. Mais le désir d'être utile, de faire du bien aux autres, fait aussi partie de cet égoïsme naturel, car nous sommes des êtres sociaux qui avons besoin de ce respect, de cette gratitude. C'est une condition essentielle de notre sécurité en société: personne ne voudra détruire quelqu'un qui lui est utile, ni même lui nuire. Sur le strict plan biologique, il n'y a donc aucune opposition entre l'égoïsme et l'altruisme.»

LES CRISES D'IDENTITÉ
ET
LE BURN-OUT

Certaines conditions particulières, de même que certaines crises de la vie, peuvent favoriser un burn-out. En particulier, les crises d'identité.

«Le mot crise vient du grec 'krisis' qui veut dire choix.»

Le mot crise vient du grec 'krisis' qui veut dire choix. Une crise d'identité, c'est un moment de la vie où l'être a le sentiment que les pièces du casse-tête que représentent les divers aspects de son fonctionnement, et qu'il était parvenu à rassembler tant bien que mal s'assurant ainsi un équilibre provisoire, ne forment plus un ensemble cohérent.

L'équilibre auquel on parvient à certains moments n'est toujours d'ailleurs que provisoire, dans la mesure où toute évolution est par essence dynamique et suppose une adaptation continuelle. À certaines étapes pourtant, les divers aspects du fonctionnement, en particulier le rapport entre la vie professionnelle et la vie personnelle, forment un ensemble relativement cohérent. Mais jamais pour longtemps, tout étant toujours en transformation... Des événements inattendus se produisent, les conditions ne sont plus les mêmes, et l'équilibre se trouve rompu. C'est un conjoint qui remet en question la vie à deux, les enfants qui quittent la maison, un changement d'emploi, un déménagement, la retraite — bref, la vie ne cesse d'advenir.

L'évolution même de l'individu représente aussi un facteur important de remise en question qui, à certaines étapes de la vie, vient rompre l'équilibre entraînant ce qu'on appelle une crise d'identité. C'est alors que vole en éclats l'arrangement provisoire des divers aspects du fonctionnement, de même que des divers aspects de l'être lui-même.

Ces crises se traduisent en particulier par le sentiment de ne plus être au contrôle de soi et de sa vie. On en vient même parfois, dans les cas les plus aigus, à ne plus savoir au juste qui on est, dans la mesure précisément où l'on se définissait à l'étape précédente en fonction d'un équilibre qui vient d'être rompu.

Ces crises peuvent se produire, soit à l'occasion de changements extérieurs: les conditions ou les circonstances n'étant plus les mêmes; soit à l'occasion de changements intérieurs, par suite de l'évolution même de l'être. D'une étape à l'autre, l'objet de la vie n'est plus le même: on n'a pas les mêmes intérêts à quarante ans qu'à vingt ans... À chaque étape, la personnalité traverse donc un moment de dissolution relative qui sera suivie par une réintégration de ses divers aspects, créant ainsi un nouvel équilibre qui lui permet de franchir une nouvelle étape de son évolution. Jusqu'à la prochaine crise.

«Jusqu'à la prochaine crise.»

Il est évident que les crises d'identité favorisent souvent un burn-out et peuvent même parfois le provoquer. On peut du moins observer que le burn-out paraît parfois associé à ces crises, les rendant encore plus aiguës.

Le burn-out se trouve souvent associé en particulier à une importante crise d'identité qui est celle du milieu de la vie vers la quarantaine. Bien que depuis une dizaine d'années, elle semble se produire plus tôt — signe des temps sans doute...

Les informations qui suivent se rapportent donc plus spécialement à cette crise du milieu de la vie, bien qu'on puisse observer une dynamique semblable dans la plupart des crises d'identité. En ce sens que toute crise d'identité participe d'une même structure profonde: la mort symbolique de l'être à une étape de son évolution, suivie en principe d'une renaissance à un niveau de conscience plus élevé, en fonction d'une réalisation toujours plus grande de l'être.

Le burn-out apparaît donc parfois comme une forme de mal-être associée à la crise du milieu de la vie: comme une transition entre deux étapes de la vie, ou comme une épreuve qu'il faut traverser, alors que l'être devra désormais se redéfinir par rapport à de nouvelles priorités.

Carl Jung distingue deux phases dans la vie:

❑ Dans la première moitié de sa vie, l'individu doit réaliser **l'adaptation au monde extérieur,** se faire reconnaître socialement, former un couple et procréer si tel est son choix ou son destin, élargir son champ d'expérience. Cette période paraît relativement dominée par le surmoi, en ce sens que l'adaptation et la reconnaissance sociales supposent qu'on se définisse en fonction de valeurs communiquées par l'autorité et véhiculées par le parent intérieur.

❑ Dans la seconde moitié de la vie — à laquelle nulle école ne prépare, il faut bien le dire — c'est au contraire le rétrécissement et l'approfondissement qu'il faut considérer, afin de **découvrir son monde intérieur.**

Dans le contexte de cette réflexion, Jung définit la névrose comme «un mauvais rapport au temps», autrement dit comme un obstacle dans le processus de réalisation de l'être, alors qu'il doit poursuivre un objet différent dans l'une et l'autre moitié de sa vie. Dans la première moitié de sa vie, le névrosé serait donc celui qui redoute l'élargissement, l'adaptation au monde extérieur; alors que dans la seconde, ce serait au contraire celui qui s'obstine à poursuivre la recherche de l'élargissement et de l'adaptation au monde extérieur, au lieu de s'employer à découvrir son monde intérieur. Dans les deux cas, la névrose est en rapport au temps.

«...valoriser la seconde moitié de la vie — que nous redoutons tant.»

Le refus du temps, en particulier au moment d'aborder la seconde moitié de la vie, se traduit par une résistance à se redéfinir par rapport à de nouvelles priorités. Alors que la découverte des vraies valeurs de la personnalité, selon Jung, est précisément du ressort de l'âge mûr. C'est du reste l'une des grandes leçons de sa psychologie que de valoriser la seconde moitié de la vie — que nous redoutons tant.

Le burn-out apparaît souvent comme une résistance à passer de la phase de l'adaptation au monde, alors que l'être est tourné vers la vie extérieure, à la phase de rétrécissement et d'approfondissement, alors qu'il doit atteindre la maturité et devenir adulte.

LES BÉNÉFICES DE LA MALADIE

La maladie est souvent l'effet de motivations inconscientes. Je tombe malade, par exemple, pour m'offrir quelques jours de répit. Il en va de même pour les états de mal-être. Je peux entretenir un état dépressif pour les bénéfices que j'en retire par rapport à l'entourage: celui en particulier d'attirer l'attention ou d'être pris en charge; mais aussi pour les avantages que j'en retire à mes propres yeux, comme celui que représentent les excuses et les justifications. Lorsque la vie devient trop exigeante, la maladie arrive parfois comme une libération; elle m'est un prétexte pour m'apitoyer sur mon sort et surtout pour n'avoir plus à me comporter en fonction des conditionnements dont j'ai été l'objet. La maladie ou toute forme de mal-être me permet alors de me soustraire momentanément aux diktats du parent intérieur.

«...la maladie arrive parfois comme une libération...»

La question des bénéfices de la maladie doit être examinée avec la plus grande honnêteté. Ce qui est d'autant plus difficile à vrai dire que le conscient répugne à reconnaître l'existence de ces mécanismes obscurs qui, en fait, déterminent la plupart de nos attitudes et de nos comportements. Nous connaissons tous de ces personnes — peut-être même en sommes-nous — qui pourraient à l'occasion prendre congé, diminuant ainsi les tensions qu'elles entretiennent dans leur milieu de travail, mais qui ne se permettent jamais de relâche parce qu'elles auraient alors le sentiment de ne pas être à la hauteur de l'image d'elles-mêmes qu'elles veulent entretenir. C'est alors que l'inconscient, qui est mieux informé que le conscient sur les besoins réels de l'être, impose la solution et qu'on se retrouve par exemple avec une grippe salvatrice, obligé de rester à la maison. Autrement dit, obligé de s'occuper un peu de soi.

Ce pattern de fonctionnement remonte à l'enfance. Lorsque l'enfant est soumis à des pressions trop fortes dans le milieu familial ou scolaire, la seule solution qui s'offre à lui est bien souvent de tomber malade. Ce qui lui permet d'échapper provisoirement à ces pressions, alors que les parents ou les grandes personnes le prennent en charge.

La maladie permet donc de repousser un parent intérieur trop exigeant, de l'obliger à suspendre un moment ses rigueurs. La vie peut devenir intolérable lorsqu'on est sans relâche obligé de se plier aux exigences du parent intérieur en s'identifiant à lui, ou de se comporter comme un enfant docile ou rebelle. Cette contrainte empêche le moi de s'épanouir. C'est alors que l'inconscient provoque une maladie ou un état de mal-être. Il s'agit en somme d'un système de défense du moi par rapport au surmoi.

«C'est souvent dans l'agressivité passive que se trouvent les bénéfices d'une maladie ou d'un état de mal-être.»

Ce phénomène, relativement facile à saisir lorsqu'il s'agit d'une grippe qui nous retient à la maison deux ou trois jours, est plus difficile à décoder dans le cas d'une forme de mal-être qui s'étend sur des années. On peut en effet se demander, dans le cas d'un burn-out ou d'une dépression, où se trouvent les bénéfices... Ils se trouvent en particulier dans le fait d'attirer l'attention et d'obliger les autres à avoir plus de considération pour soi; mais parfois aussi dans le désir inconscient d'agresser l'entourage. C'est souvent dans l'agressivité passive, de loin la forme d'agressivité la plus répandue, que se trouvent les bénéfices d'une maladie ou d'un état de mal-être.

Ma maladie ou le mal-être que j'éprouve me permet alors de culpabiliser les autres autour de moi, de leur montrer qu'ils me causent du tort et indirectement de leur rendre la pareille. Ce qui pourra sembler excessif! Mais les mécanismes de l'inconscient sont complexes et ses pouvoirs pratiquement illimités. L'observation la plus élémentaire permet d'affirmer qu'on peut aller jusqu'à se rendre malade, non seulement pour échapper aux pressions de l'environnement, mais aussi pour compenser certaines injustices ou encore pour se venger. On peut même aller jusqu'à mourir pour culpabiliser les autres! Comme le démontrent de nombreuses études sur le suicide.

Il faut donc se rappeler que la maladie ou un état de mal-être est aussi une forme de communication. Avec le monde et avec soi.

La maladie ou un état de mal-être comporte toujours un message qu'il faut décoder.

Quels sont les bénéfices que je retire de ma maladie? Quels sont les bénéfices que je retire de mon état de mal-être?

La conscientisation des motivations obscures, une fois passé le trouble qu'elle soulève, amène toujours un soulagement — parfois même une guérison instantanée!

TROISIEME PARTIE

Lorsque l'enfant... re-paraît

**Une démarche,
pour être complète,
doit se traduire concrètement.**

**Je vous propose maintenant de passer
de l'auto-analyse à une intégration de l'information,
qui devra s'incarner dans une pratique quotidienne
pour devenir un *nouvel art de vivre*.**

Ainsi donc, si je vis en fonction du surmoi, autrement dit si mes attitudes, mes comportements et mes attentes me sont dictés par mon parent intérieur, je me trouve décentré. Car ce qui doit occuper le centre, c'est le moi.

Mais comment identifier le moi? Comment l'atteindre?

Comment se réconcilier avec le moi?

Il existe plusieurs grilles d'analyse psychologique qui permettent de cerner le moi — qu'on définit généralement comme la personnalité.

Comme je l'ai dit plus haut, la grille qui m'a été le plus utile dans ma démarche à propos du burn-out est celle de l'Analyse Transactionnelle, que j'ai adaptée en fonction de notre objet. Au moment d'aborder la réconciliation avec le moi, je crois nécessaire de revenir à cette grille pour lui apporter certaines précisions devenues nécessaires, afin de disposer d'un modèle du fonctionnement de la psyché mieux adapté à une interrogation d'un niveau plus élevé.

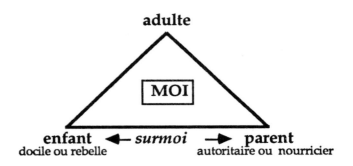

Considérons encore une fois l'opposition entre l'enfant et le parent. La réconciliation avec le moi suppose en effet qu'on parvienne d'abord à un équilibre harmonieux et dynamique entre l'enfant et le parent en fonction de l'adulte.

Un adulte, c'est un être parvenu ou sur le point de parvenir à l'autonomie, qui exerce un contrôle relatif sur sa vie et une certaine maîtrise sur lui-même; autrement dit, un être parvenu précisément à cet équilibre harmonieux et dynamique entre l'enfant et le parent, et qui se définit en fonction du troisième terme: l'adulte.

Il n'est pas question d'ignorer le surmoi. C'est un aspect du fonctionnement psychique correspondant à l'être social et essentiel pour l'interaction avec les autres et avec soi-même par rapport aux autres. C'est sur le parent intérieur que repose la structure de l'être social. Ceux qui ont voulu ignorer le parent en eux sont par définition des mésadaptés. On ne peut pas vivre sans contraintes, non plus que sans modèles; on ne peut pas vivre non plus sans la volonté de s'affirmer, de réussir sa vie au plan social et sur tous les plans. La vie n'aurait aucun sens si on n'éprouvait pas le besoin d'en faire une réussite. Le besoin de prouver quelque chose aux autres et à soi-même par rapport aux autres demeure un levier important. Les besoins qui procèdent du parent intérieur sont des besoins réels. Et on doit tendre à les satisfaire, au moins relativement. Mais ce ne sont pas les seuls besoins. Il y a aussi ceux du moi. Le parent ne doit donc pas dominer le fonctionnement de la psyché; il ne doit surtout pas tendre à en occuper le centre.

«C'est sur le parent intérieur que repose la structure de l'être social.»

Le moi se définit en fonction de l'interaction, dans l'axe horizontal, de l'enfant et du parent; et dans l'axe vertical, de leur interaction avec l'adulte. Le moi avec lequel il s'agit de se réconcilier se définit donc à travers la dynamique complexe de ces trois aspects du fonctionnement psychique. C'est du moins l'interprétation de la grille de l'Analyse Transactionnelle que je vous propose comme outil.

Mais au début d'une démarche qui vise à une réconciliation avec le moi comme moyen de prévenir ou de guérir un burn-out, il faut s'employer d'abord à tempérer l'influence du surmoi. Et il n'y a rien de tel pour y parvenir que de lui opposer **l'enfant naturel.**

Sans doute faut-il à cette étape que je recoure à un langage un peu plus technique afin d'apporter quelques précisions sur la dynamique des trois aspects du fonctionnement psychique selon la grille de l'A.T.

J'ai surtout parlé jusqu'ici du piège que représente la domination de la psyché par le surmoi. L'être se comporte alors soit comme le

133

parent, autoritaire ou nourricier, soit comme l'enfant docile ou rebelle de ce parent.

L'identification au parent peut donc inspirer un comportement autoritaire: je cherche alors à maintenir les autres sous ma domination, ou un comportement — disons, pour simplifier — 'nourricier': j'exerce alors un contrôle sur les autres en les prenant en charge. Ce dernier point est souvent ignoré, alors qu'il représente parfois une dimension importante dans certains cas de burn-out, en particulier parmi les intervenants de type nourricier. Que je sois autoritaire ou nourricier, je place les autres et je les maintiens dans une position de dépendance relative, de façon à être ainsi confirmé dans mon identité parentale.

Mais les pressions exercées par le surmoi peuvent aussi entraîner au contraire un comportement d'enfant docile. Alors tout se passe comme si le parent en moi commandait à l'enfant qui répond à ses attentes; autrement dit, j'agis 'comme il faut'. Ce qui a pour effet de diminuer les angoisses entretenues par les pressions du parent. Ou encore, entraîne un comportement d'enfant rebelle. J'ai déjà dit que cela revenait au même. Mais sans doute faut-il insister sur ce point, certaines personnes passant leur vie à contester l'autorité sous une forme ou sous une autre avec l'illusion d'agir librement, alors qu'en réalité elles projettent sur les figures d'autorité leur propre parent intérieur dans toutes les situations où elles sont en interaction avec une forme ou une autre d'autorité. Ce mécanisme est souvent du reste à l'origine en particulier du comportement des délinquants et des terroristes. L'enfant rebelle qui s'engage dans la contestation systématique de l'autorité n'est pas plus libre que l'enfant docile. Comme lui, il se définit en fonction du surmoi; c'est en fait son propre parent intérieur qu'il conteste et dont il cherche à se libérer.

«Devenir adulte, c'est devenir autonome.»   Quand on parle de la domination de la psyché par le surmoi, on parle donc plus précisément d'un fonctionnement qui se définit par rapport à l'axe parent-enfant, les uns s'identifiant à l'un ou l'autre de ces deux aspects, les autres passant de l'un à l'autre selon les circonstances ou les personnes de l'entourage, ou selon les scénarios de la vie qui reposent pour beaucoup sur les patterns qu'inspire ce mécanisme.

Pour passer à l'axe vertical et devenir adulte, il faut donc prendre un certain recul par rapport au niveau de l'axe parent-enfant, autrement dit l'assumer pour le dépasser.

Devenir adulte, c'est devenir autonome. Mais pour devenir autonome, au moins relativement, dans la vie en général et en **134**   particulier dans ses relations avec les autres, il faut le devenir d'abord par rapport à l'aspect de son psychisme correspondant au fonctionnement du surmoi.

Et pour ce faire, il faut entreprendre une démarche qui mette l'accent sur l'enfant naturel. Non pas docile, non pas rebelle, mais **naturel...**

Seul l'enfant naturel peut se définir comme l'enfant-thérapeute.

L'erreur de ceux qui souffrent d'un burn-out paraît bien souvent de penser que l'évolution consiste, à partir de l'enfant, à devenir éventuellement un parent — en croyant du même coup devenir un adulte.

Je voudrais être tout à fait clair sur ce point: un parent, du moins dans le sens où je l'entends ici, n'est pas un adulte et ne peut pas non plus le devenir.

Seul l'enfant naturel peut devenir un adulte.

La réconciliation avec le moi, en particulier pour les personnes atteintes ou menacées de burn-out, doit nécessairement passer par une réconciliation avec l'enfant naturel.

«La réconciliation avec le moi passe par une réconciliation avec l'enfant naturel.»

J'irais jusqu'à dire que la libération de toute forme de mal-être doit nécessairement passer par la libération de l'enfant naturel.

Peut-être avez-vous perdu contact avec votre enfant intérieur sous son aspect naturel. Donnez-lui la permission de vivre, de s'exprimer, de s'épanouir...

Permettez-moi de recourir à une formule familière et de l'appliquer à la présente démarche: *«Si vous ne devenez d'abord un enfant, vous n'entrerez pas dans le Royaume de mon Père...»*

Une démarche en vue d'éveiller l'enfant naturel nécessite un examen de ce qui en empêche la libre expression:

au niveau du parent intérieur

❏ *Sous son aspect autoritaire:*
Dans quelle mesure je m'identifie à cet aspect de mon parent? Dans quelle mesure je me définis en fonction de ce rôle?

❏ *Sous son aspect nourricier:*
Dans quelle mesure je — mêmes questions.

au niveau de l'enfant intérieur

❏ *Sous son aspect docile:*
Dans quelle mesure je — mêmes questions.

❏ *Sous son aspect rebelle:*
— Mêmes questions.

Mais il est souvent plus difficile d'y répondre à propos de l'enfant rebelle. Pour la raison qu'en étant rebelle j'entretiens l'illusion d'être autonome, alors qu'en fait mes pensées, mes émotions, mes actes témoignent de ce que je me définis contre le parent — donc en fonction de lui.

❏ *Sous son aspect 'nourri':*

Je crois important d'ajouter cet aspect qui ne se trouve pas comme tel dans la grille de l'Analyse Transactionnelle. D'autant plus important sans doute que nous sommes à une époque où la prise en charge systématique des individus s'est imposée et que la survie des uns paraît dépendre de leur aptitude à s'imposer comme parents nourriciers des autres, entretenant ainsi leur dépendance. On arrive même, dans notre société à intégration poussée, à se définir sur les deux plans: on est à la fois le parent nourricier des uns et l'enfant 'nourri' des autres. Cette forme d'interaction est malsaine dans la mesure où il s'agit moins d'un échange de services que d'une prise en charge systématique. Il y a entre les deux une différence qu'il importe de saisir si on veut devenir plus autonome et plus responsable.

L'enfant-thérapeute

Les moyens qui peuvent favoriser la redécouverte de l'enfant naturel, depuis les attitudes à développer jusqu'aux principes d'un art de vivre en passant par les pratiques d'hygiène de vie, pourraient faire l'objet d'un ouvrage en soi. Je vais m'en tenir ici à trois points qui ont un rapport direct avec la prévention et/ou la guérison du burn-out et des maladies de civilisation:

❑ la conscience du corps

❑ le jeu: exploration/créativité

❑ la croissance

LA CONSCIENCE DU CORPS

Il faut s'attarder un moment à observer la relation d'un enfant avec son corps pour commencer à comprendre... Pour découvrir que l'enfant n'a pas vraiment de relation avec son corps, dans la mesure où il **est** son corps.

À un moment, à peu près à l'époque où le surmoi se trouve formé, vers l'âge de six ou sept ans, un divorce s'opère chez la plupart, du moins dans notre culture occidentale (et de plus en plus planétaire, comme chacun sait): la conscience du corps s'en retire et 'je' commence à se percevoir dans la tête. Le corps n'étant plus pour ainsi dire habité par la conscience, il perd sa grâce naturelle — cette grâce animale qu'on trouve chez l'enfant. Et on commence à devenir de plus en plus étranger à son propre corps. Ce qui se traduit par l'incapacité de se tenir droit, de s'asseoir correctement, de se mouvoir avec élégance.

138

Lorsqu'on parle de vivre en harmonie avec la nature, nous avons tendance — nous, Occidentaux — à nous la représenter en dehors de nous. Comme si nous ne participions pas essentiellement à la nature. Cette rupture entre la conscience et le corps est dramatique parce qu'elle entretient un sentiment d'aliénation. Nous devenons comme dépossédés de nous-mêmes...

La nature, je la porte en moi. Et je suis en elle. Je ne peux pas m'en extraire. Et je ne dois pas chercher non plus à m'en extraire. Je ne nie pas l'importance des arbres et des oiseaux! Mais je dis que vivre en harmonie avec la nature doit d'abord s'entendre dans le sens de vivre son corps. Mais il ne s'agit pas de s'identifier au corps à travers un fonctionnement particulier, comme c'est souvent le cas par exemple chez le sportif. Pas plus qu'il n'est souhaitable d'ailleurs de s'identifier à un rôle, à une fonction ou à un personnage — à n'importe quel aspect du moi qui n'est pas le moi dans sa globalité. Mais plutôt de retrouver la conscience du corps.

Au moment où j'écris ces lignes, je prends conscience de ma main, de son mouvement. C'est comme si je devenais ma main... Et j'éprouve tout à coup le sentiment d'une présence — la mienne. Par l'attention au corps, je deviens présent à moi-même dans mon corps. Il incarne ma présence: le corps est l'expression même de ma conscience d'être. Il est ma conscience d'être.

Je ne peux donc pas dire que j'ai un corps, mais plutôt que je suis mon corps. Sans n'être pour autant que mon corps... Mais cette restriction me gêne. Je comprends mal en effet qu'on répugne tellement à reconnaître le corps et à développer la conscience du corps dans un monde matérialiste qui devrait au contraire le glorifier. Il est vrai que la vision matérialiste s'appuie sur l'**avoir** et non sur l'**être**. Alors qu'il s'agit ici, non pas d'avoir un corps, mais d'être son corps. Nous demeurons encore, quoi qu'on dise, profondément imprégnés des valeurs véhiculées par la tradition judéo-chrétienne, et en particulier de l'association du corps avec le mal: du corps considéré comme l'obstacle à vaincre.

Mais depuis une vingtaine d'années pourtant, l'Occident s'éveille au corps: une réconciliation avec le corps paraît s'amorcer. On y vient petit à petit. On commence le plus souvent par mettre l'accent sur la conscience d'avoir un corps. À cette étape sans doute nécessaire, le corps est perçu comme un véhicule dont il faut prendre soin. Mais il s'agit encore ici d'une vision restreinte. Car en fait je suis mon corps.

«...vivre en harmonie avec la nature doit d'abord s'entendre dans le sens de vivre son corps.»

Guérir l'esprit
par la conscience du corps

« ...retrouver la perception de son corps qu'en a l'enfant naturel. »

Dans la prévention et/ou la guérison du burn-out et des maladies de civilisation, il faut donc attacher une très grande importance au corps en général et plus spécialement à la conscience du corps. L'expérience démontre en effet que pour se réconcilier avec le moi, autrement dit pour se retrouver dans sa globalité, il faut nécessairement passer par le corps — retrouver la perception de son corps qu'en a l'enfant naturel.

C'est de cette question capitale dont je veux maintenant parler. La conscience du corps représente avec la croissance, l'essentiel d'une méthode qui veut se définir au-delà de la réflexion en inspirant une démarche concrète.

L'émergence du *moi-je*

Pour bien saisir l'importance de cette question il est sans doute nécessaire de rappeler en quelques mots comment l'être dans la prime enfance fait la découverte de son *moi-je*.

Jusqu'à l'âge d'environ dix-huit mois, le bébé se perçoit comme formant un tout avec sa mère. Ce n'est que lentement qu'il émerge de cet état fusionnel, alors qu'il vivait l'indistinction entre le corps maternel et le sien. Au moment de la naissance, il connaît une première séparation d'avec la mère. Définitive pour ce qui est du corps; alors qu'au plan psychique il cherche à entretenir encore un temps cet état fusionnel... Il faut bien dire d'ailleurs que la plupart des êtres se remettent assez mal de la séparation, physique et psychique, d'avec la mère. La difficulté de s'assumer en tant qu'individu autonome se retrouve du reste dans tous les états de mal-être.

Petit à petit, l'enfant construit donc sa perception de lui-même comme individu distinct par un lent processus de prise de conscience de soi qui culmine avec la rencontre du miroir. C'est l'ébauche du moi-je, expérience narcissique qui selon Freud fonde la relation d'amour entre le sujet et lui-même et, par suite de déplacements successifs de l'image, entre le sujet et les autres: moi-je et le monde. C'est ainsi qu'il faut, pour accepter et aimer les autres et le monde, d'abord et avant tout s'accepter et s'aimer. Sans une véritable acceptation de soi l'interaction positive avec le monde est pour ainsi dire impossible.

Or, dans tous les cas de mal-être, on constate que la perception du moi-je, autrement dit que l'image de soi est mauvaise. Comme si le miroir de la conscience était brouillé. Et dans les cas extrêmes, l'être se trouve pour ainsi dire coupé de lui-même. C'est alors qu'il faut s'employer à reconstruire la conscience du moi-je.

Cette entreprise, telle que je viens de la décrire, pourra sans doute paraître un concept terriblement abstrait, mais ramenée dans le concret elle consiste tout simplement à passer par la conscience du corps.

La conscience du corps est la seule voie directe. Le corps, lui, ne triche pas: il représente la référence fondamentale de l'image de soi et de la conscience d'être.

«La conscience du corps est la seule voie directe.»

L'expérience tactile

De tous les sens, le plus important est le **toucher**.

Un mot d'abord de la peau.

«La peau est ce qu'il y a de plus profond dans l'être.»
Paul VALÉRY

L'image du moi-je se construit d'abord à partir de la peau. Le moi conscient tend à envelopper l'être psychique comme la peau enveloppe le corps. Il y a entre la peau et le moi une interaction fondamentale. Freud parle de la formation du moi à partir de l'intériorisation de la conscience de la peau et de la forme du corps. « Le Moi est avant tout un Moi corporel, il n'est pas seulement un être de surface, mais il est lui-même la projection d'une surface.» Le moi se perçoit donc à travers la projection mentale du corps.

On sait par ailleurs que les résistances sont souvent inscrites dans le corps même, les tensions et les bloquages qui sont, comme le dit Wilheim Reich, un des pères de la psychologie moderne, la concrétisation d'émotions et de traumatismes enregistrés par le

141

corps, véritable mémoire du vécu de l'être depuis sa gestation. Ces tensions et ces blocages forment comme une «cuirasse musculaire et émotionnelle» dont il faut parvenir à se libérer.

La conscience du corps par l'expérience tactile est donc la voie d'une libération, d'une véritable renaissance.

Mais le toucher se définit bien au-delà de la peau.

C'est en fait un sens extrêmement complexe, à la fois passif et actif, conscient et inconscient. Alors qu'on peut vivre sans la vue ou sans l'ouïe, on ne peut pas vivre sans les fonctions assurées par la peau. Mais aussi par le jeu musculaire qui permet de percevoir le mouvement exécuté, l'effort, ou la situation occupée à chaque instant par le corps; par ce qu'on appelle le sens viscéral qui permet d'éprouver les sensations de faim, de fatigue, de plaisirs sexuels; enfin, par le sens de l'équilibre qui signale la position de la tête dans l'espace. Ce sont toutes ces fonctions que recouvre le sens du toucher. Cette définition, bien que ramenée à l'essentiel, permet de mieux saisir la relation qui existe entre le corps et la conscience d'être.

Et c'est précisément pourquoi la réconciliation avec le moi, nécessaire pour se libérer des états de mal-être, passe par le corps et plus spécialement par la conscience du corps.

«Passer par le corps, c'est passer par l'expérience tactile.»

Passer par le corps, c'est passer par l'expérience tactile. Comme par exemple passer par l'attention aux sensations (le massage), l'attention aux mouvements (le taï-chi) ou l'attention à l'interaction avec l'environnement physique: le chaud, le froid (les bains)... Les exemples que je donne ici de certaines pratiques ne valent qu'à titre indicatif. Il faut savoir en effet que la perception tactile est l'essence même de la vie au plan physique. Toute activité, à la condition d'être accomplie consciemment – je veux dire non pas seulement avec la conscience ordinaire mais avec la conscience d'être – permet de se retrouver en redéfinissant le moi-je au niveau même de ses racines que représente la réalité corporelle. Comme par exemple par l'expérience sexuelle; mais aussi par le travail manuel et les tâches domestiques. Autrement dit, dans le rapport conscient du corps avec les objets et les choses. Avec le monde. (*)

(*) On pourra consulter un chapitre consacré au corps dans mon livre «Vivre sa Vie» (Minos/de Mortagne), de même qu'un chapitre sur le toucher dans «Vivre ici/Maintenant» (Minos).

L'exercice

Quand j'aurai dit que l'exercice est nécessaire; qu'on recommande d'exercer le corps régulièrement mais avec modération; que des études ont démontré que le temps minimum nécessaire pour entretenir avec son corps un rapport harmonieux est d'au moins vingt minutes tous les deux jours; qu'on recommande en particulier la marche et ses dérivés: la course, le ski de randonnée, la bicyclette, la natation...

Quand j'aurai dit tout cela, je n'aurai guère tenu qu'un discours redondant, qu'on peut trouver dans des centaines de livres. Et surtout je n'aurai encore rien dit de l'importance capitale de la conscience du corps.

De l'opposition dont j'ai parlé plus haut entre 'j'ai un corps' et 'je suis mon corps' découlent deux pratiques différentes. *J'ai un corps* met l'accent sur la nécessité d'entretenir le véhicule, de le maintenir en forme, d'en assurer le fonctionnement efficace, de l'entraîner si nécessaire — ce qui, il va sans dire, est de la plus grande importance; alors que *je suis mon corps* met plutôt l'accent sur la nécessité d'être centré à partir du corps. C'est toute la différence entre par exemple le squash et le taï-chi, l'objet poursuivi n'étant pas le même. Dans un cas, j'exerce le corps; dans l'autre, je développe à travers l'attention au corps la conscience de ma présence ici et maintenant et de mon interaction avec le monde.

«...la conscience de ma présence ici et maintenant...»

Mais cette différence, elle dépend aussi, non seulement de la nature de l'exercice, mais d'une certaine attitude qui peut être commandée, soit par l'exigence même de l'exercice, soit par la capacité de diriger l'attention. Si par exemple je dévale une pente rapide en ski, je dois obligatoirement être, non pas dans mes pensés et mes émotions, dans ce qu'on appelle le mental, mais ici et maintenant, sous peine de faire une chute. Chez les meilleurs athlètes, il n'y a pas de doute que cette exigence puisse même se traduire par un degré de conscience d'être particulièrement élevée. C'est du reste sur ce point que porte l'enseignement des arts martiaux, c'est-à-dire sur la nécessité de parvenir au vide mental afin de trouver l'attitude juste dans l'action. Il n'y a pas de doute, soit dit en passant, que le plaisir qu'on éprouve dans certains exercices ou certaines activités découle précisément de ce qu'on se retrouve par la force des choses ici et maintenant, et bien souvent à un degré élevé de **conscience d'être**.

Il est pourtant possible de susciter cette attitude et de l'entretenir dans à peu près toutes les activités physiques. Que je sois en train de peler des pommes de terre ou de passer l'aspirateur, ou encore de me promener en forêt, il est possible en effet de faire le vide mental – relativement – afin de me situer dans la conscience d'être ici et maintenant. Mais il est évident que dans le cas d'un exercice ou d'une activité plus routinière, c'est-à-dire ne comportant pas l'élément de risque qu'on trouvait dans le dévalement d'une pente rapide en ski, et qui nous imposait d'être ici et maintenant, il faut alors susciter et entretenir volontairement cette attitude.

Il est donc capital de développer **l'attention au corps**. Et pour ce faire, il faut tourner l'attention vers la perception sensori-motrice et pour ainsi dire prendre conscience du corps de l'intérieur. Ce qui vaut, non seulement pour les exercices, mais aussi pour certaines pratiques comme les bains et les massages. La conscience du corps se traduit alors par le sentiment de ce qu'on appelle la **présence à soi**.

Cette conscience d'être est nécessaire pour se libérer des états de mal-être dans la mesure où ils sont toujours accompagnés par le sentiment au contraire de ne plus se retrouver. Comme si l'être s'était perdu de vue. Or, c'est à travers le corps, encore une fois, et plus précisément par la conscience du corps qu'on peut le plus sûrement se retrouver.

De la conscience d'être

«Pour moi, jouer du violon, c'est faire en sorte que le musicien prenne conscience de son propre corps et de son harmonie interne.»
Yehudi MENUHIN, *La leçon du maître*, Bushet/Chastel.

À quelques reprises, j'ai parlé de la conscience d'être. Je crois nécessaire de définir plus précisément ce niveau de conscience.

Les Écoles de sagesse enseignent qu'il existe trois niveaux de conscience:

• *la conscience ordinaire*
que nous partageons avec les animaux

• *la conscience d'être*
qui est le propre de l'être humain

• *et la conscience cosmique*
qui est la conscience d'être, augmentée d'un sentiment de participation à l'univers.

Par rapport à cette grille, la plupart d'entre nous seraient parvenus quelque part entre la conscience ordinaire et la conscience d'être. Autrement dit, à une étape de notre évolution où nous devons justement nous employer à augmenter la conscience d'être. (*)

(*) Cet enseignement fera l'objet d'un exposé plus détaillé dans un prochain ouvrage de la présente collection.

Les bains et les massages

Je devrais aussi ajouter — mais je le fais avec certaines réserves, pour des raisons évidentes — : **...les bronzages.**

Certaines pratiques sont aussi traditionnellement associées à l'expansion de la conscience du corps, telles que les bains et les massages.

«...considérés comme des pratiques de bien-être physique et psychique...»

Alors que chez-nous les bains et les massages apparaissent comme des pratiques d'hygiène physique qu'un fond de puritanisme continue d'associer à des pratiques sensuelles, voire même sexuelles, au Japon par exemple ils sont considérés comme des pratiques de bien-être physique et psychique et font partie de la vie quotidienne.

Il faut savoir aussi que la nudité peut contribuer à l'expansion de la conscience de soi par le corps. Comme le rappelle l'anthropologue Ashley Montagu, l'activité des bébés est plus grande lorsqu'ils sont nus.

Érotiser la vie

• *la nature*

Il est évident qu'un contact régulier avec la nature est nécessaire pour vivre harmonieusement et que les exercices devraient le plus possible être pratiqués dans la nature.

• *la matière*

Par ailleurs, un rapport concret avec la matière est capital pour vivre en harmonie avec le monde et avec soi. J'accorde en particulier la plus grande importance au travail manuel: toucher la matière, la transformer...

L'interaction de la main et du cerveau a été et demeure un facteur déterminant de l'évolution de la conscience.

Ou encore, par exemple, faire la cuisine. Toucher les aliments, les apprêter. Intervenir au niveau du goût et de l'odorat... Dans les états de mal-être que j'ai personnellement traversés, faire la cuisine (en toute modestie) a souvent été une pratique salutaire. – Je dirais cependant qu'elle est sans doute moins efficace pour les femmes qui bien souvent associent la cuisine à une fonction parentale...

Vivre dans le concret. Carl Jung parle de l'abstraction comme du plus grand piège pour la civilisation occidentale...

Autrement dit, non seulement par l'exercice tactile, mais aussi il s'agit de définir une nouvelle attitude par rapport au corps en passant par une interaction dynamique avec la nature et la matière.

«Vivre dans le concret.»

Il s'agit en somme d'**érotiser la vie**.

La relaxation

J'en arrive à penser que pour s'adonner régulièrement à la relaxation, il faut avoir décidé une fois pour toutes de vivre dans le luxe... Les gens qui s'appartiennent assez pour s'offrir à l'occasion une courte séance de relaxation sont rares. Or, c'est précisément ce luxe qu'il faut décider de s'offrir.

Des techniques, il en existe plusieurs. Elles ont en commun la détente musculaire et l'apaisement du mental pendant un certain temps. Mais elles reposent en particulier sur l'attitude: celle qui consiste à lâcher prise, à s'abandonner pour devenir réceptif à son corps et au monde. Il faut donc pendant un moment renoncer à ses défenses. Ce qui a pour effet de libérer les peurs, les angoisses, les traumatismes qui les ont créées, rendant ainsi possible une véritable communication avec soi à travers la perception de son corps et de son corps dans l'environnement.

Mais la relaxation a aussi pour objet de développer des réflexes de détente qui permettront d'entretenir un **état de relaxation** en dehors des séances elles-mêmes. En particulier, de fonctionner avec une certaine aisance. Comme, par exemple, de réduire l'allure de la marche ou de s'offrir une pause entre deux tâches. L'objectif est de parvenir à retrouver cet état dans à peu près n'importe quelle condition. C'est donc, au-delà des séances elles-mêmes, une question de maîtrise de soi qui permette de maintenir un état privilégié dans la plupart des situations de la vie.

L'entraînement mental

Mais la relaxation représente par ailleurs la technique de base de ce qu'on appelle l'entraînement mental, alors que vient s'ajouter la visualisation.

«...développer la conscience d'être en augmentant la perception du corps...»

L'objet de la visualisation est divers. On peut, par exemple, visualiser certaines conditions qu'on souhaite créer afin de réussir dans telle entreprise, etc. Mais dans le contexte de notre démarche, l'objet de la visualisation est de développer la conscience d'être en augmentant la perception du corps et celle du corps dans l'environnement.

Après être parvenu à l'état de relaxation et à un vide mental relatif, ce qui se traduit par un certain apaisement des pensées et des émotions, la visualisation consiste à diriger l'attention et à prendre conscience de **ce qui est** sans intervenir.

❑ au niveau de l'environnement...

Dans un premier temps, je dirige mon attention - comme je dirigerais le faisceau d'une lampe de poche - vers les bruits, éloignés d'abord, puis de plus en plus près, et je prends conscience de l'environnement: les mouvements, le chaud ou le froid... Tout 'ce qui est' dans l'environnement paraît petit à petit occuper l'espace relativement vide de pensées et d'émotions du mental. J'en viens alors à percevoir que tout ce qui se produit dans l'environnement et l'environnement lui-même se produit en fait dans ma conscience... Après un certain temps, je 'tourne le regard vers l'intérieur', c'est-à-dire que je commence à diriger mon attention vers le corps lui-même.

❑ au niveau du corps

Lentement, je prends conscience de ma respiration au niveau de l'abdomen - comme un ballon qui gonfle et qui dégonfle. Pendant un moment, je demeure attentif au mouvement de ma respiration. J'observe sans intervenir. Puis j'étends lentement le champ de mon attention à l'ensemble du corps, comme si je le voyais de l'intérieur dans sa totalité. Après quoi, je resserre le champ de mon attention que je dirige vers mes membres dont je prends conscience, un à un, lentement... Comme le faisceau d'une lampe de poche qui se déplacerait. Et c'est ainsi que de la conscience de mon corps émerge, petit à petit, la conscience d'être...

«J'observe sans intervenir.»

Et voilà! (*)

Entretenir l'état de relaxation, contrôler relativement le mental et maintenir l'attention au corps, c'est ce en quoi consiste la première étape de cet entraînement mental qui est la technique la plus efficace que je connaisse pour éveiller la conscience d'être à partir du corps – qui guérit l'esprit.

_____

(*) Cette description aura eu le mérite, sinon de vous convaincre, du moins de démontrer les limites de l'écrit lorsqu'il s'agit de toute évidence, comme c'est le cas ici, d'une pratique qui ne peut se transmettre que par l'oral.

Pour être efficace, une méthode qui vise à prévenir ou à guérir le burn-out et les états de mal-être apparentés doit prendre appui sur une réflexion - ce que permet le livre; mais elle doit aussi, selon moi, proposer un outil de travail sur soi qui permette d'actualiser la réflexion par une véritable démarche qui engage l'être dans sa totalité.

À l'époque où j'animais régulièrement des ateliers sur le burn-out, ils comportaient des séances de relaxation et la communication de certaines techniques visant à développer la conscience du corps. Un livre, avant tout informatif comme l'est celui-ci, s'adresse surtout à l'intellect. C'est du reste la limite que nous impose l'écrit. Sans compter que cette forme de communication peut même représenter un piège en n'inspirant qu'une démarche restreinte, d'ordre intellectuel.

*Mais nous sommes à une époque où la communication renoue avec la tradition orale. C'est à ce niveau que se définissent les médias électroniques: la radio et la télévision, mais aussi le cinéma et en général les techniques audio-visuelles. Depuis peu, on peut aussi observer une nouvelle tendance qui montre l'importance grandissante de l'oral dans notre société, et dont témoignent en particulier les colloques, les séminaires, les ateliers de formation et de croissance - qui sont autant d'occasions d'intégration. Sans que l'on songe pour autant à renoncer à l'écrit, ces nouveaux outils – technologiques et conviviaux– favorisent une communication plus globale qui permet d'intégrer davantage l'in-fomation dans le vécu et d'en faire une occasion de **transformation**.*

*Ce sont ces considérations qui ont amené l'éditeur et l'auteur de cette collection à recourir à la technique de l'**audio-cassette**, non pas pour la redondance, mais comme un véritable prolongement de l'écrit. Ce qui revient à dire plus précisément que le contenu de l'audio-cassette ne se trouve pas dans le livre.*

audio-cassette

Programme d'entraînement mental

Ce programme vise à diminuer les tensions physiques et psychiques dans la vie de tous les jours; à renforcer l'identité par une meilleure conscience du corps; à entretenir un sentiment de bien-être et de maîtrise de soi.

☞ Face A *La conscience du corps par la relaxation*

Cet exercice fait appel aux techniques éprouvées de relaxation, de concentration et de visualisation, mais en fonction du renforcement de l'identité par la conscience du corps.

☞ Face B *Programme de sept jours*

Ce volet comprend sept exercices – au sens large de techniques mais aussi d'attitudes à cultiver– simples et efficaces, choisis de manière à composer un programme de sept jours à raison d'un exercice par jour.

Adaptés aux besoins des **gens d'action** et d'une intégration facile dans le quotidien, ces exercices sont inspirés, les uns de l'enseignement traditionnel, les autres de méthodes psycho-corporelles modernes.

◆ **La relaxation dans l'action**.
   Obtenir rapidement un état de relaxation par la concentration et la détente volontaire sur trois points du corps.

◆ **La respiration profonde**.
   Développer par la respiration la conscience du centre vital de l'être et trouver l'attitude juste.

◆ **Le yoga-instant**.
   En moins d'une minute, nettoyer le mental.

◆ **Etre *dans* le monde...**
   ...et non pas *du* monde. Prendre ses distances par rapport à l'environnement physique et humain pour se retrouver.

◆ **Lâcher prise**.
   Se laisser dériver un moment comme on se laisserait entraîner par le courant sans offrir de résistance. Aller avec *ce qui est*.

◆ **Trouver refuge**.
   Prendre conscience de soi à l'intérieur d'un 'espace' protégé du monde extérieur.

◆ **Le rappel à soi**.
   Prendre un moment de recul par rapport à l'action en cultivant l'attitude du témoin.

Durée totale: 60 minutes

LE JEU: EXPLORATION/CRÉATIVITÉ

L'être humain est un élément de plusieurs systèmes auxquels il participe — le monde physique, la société, le cosmos... De l'interaction des éléments d'un système et de chaque élément avec l'ensemble dépendent la survie, la croissance et l'épanouissement, non seulement du système lui-même, mais aussi de chacun de ses éléments.

Ce chapitre s'inscrit pour ainsi dire entre les deux piliers de la démarche que je préconise, que sont la conscience du corps et la croissance.

C'est surtout l'occasion de rappeler que tout ce qu'on entreprend pour soi-même peut aussi contribuer à la prévention ou la guérison d'un burn-out. En particulier, tout ce qui passe par le jeu.

*Je propose donc simplement, dans les pages qui suivent, un cadre de référence, que représente à mes yeux la notion de jeu à travers l'exploration et la créativité, afin d'inciter à entreprendre une démarche qui soit vraiment personnelle, adaptée à ses besoins et **différente.***

La participation, qui peut prendre diverses formes, représente le plus important facteur d'équilibre et d'évolution de tout élément à l'intérieur d'un système donné. Lorsque la participation est absente, il s'ensuit un déséquilibre pour cet élément, de même que pour le système lui-même.

Petit à petit, poussé par la curiosité, par la recherche d'une stimulation, l'enfant se familiarise avec les différents systèmes auxquels il participe. C'est ainsi qu'il apprend à participer de plus en plus activement à son environnement — physique, social et éventuellement cosmique... Par son interaction avec l'environnement physique, l'enfant en fait l'expérience et se le rend plus familier; puis il étend de plus en plus le cercle de ses intérêts, allant à la découverte de ce qui lui est encore étranger pour se l'assimiler.

Le moteur de la participation est la créativité; et son processus, celui du jeu.

Pour les candidats au burn-out, redevenir enfant c'est aussi redécouvrir le jeu.

J'ai personnellement observé que ceux qui souffrent d'un burn-out sont souvent sous le **choc du futur**: leurs mécanismes d'adaptation par l'action refusent de fonctionner davantage et l'adaptation se fait de plus en plus par la soumission. On pourrait peut-être définir le burn-out et certaines maladies de civilisation comme une forme de mal-être qui découle du choc du futur. Les candidats au burn-out offrent souvent une résistance à la seule pensée d'explorer le présent. Ils ont perdu le goût d'explorer — le sens du jeu.

Redevenir enfant, c'est retrouver le sens du jeu.

J'ai aussi observé que les candidats au burn-out ont souvent tendance à tout prendre au sérieux et dans leur désabusement ne s'engagent dans aucune activité gratuite: il leur faut toujours un objectif — afin d'apaiser leur parent intérieur. Ils font tout par obligation, par devoir. Alors que la démarche ludique met plutôt l'accent sur le processus: non pas sur un objectif, mais sur la façon dont se déroule le processus.

Les candidats au burn-out doivent s'employer à corriger cette tendance à l'ankylose et à la sclérose psychiques et redécouvrir le sens du jeu: redécouvrir le comportement exploratif ou de curiosité. C'est par la créativité à travers une démarche ludique que l'être humain augmente sa participation consciente au monde et qu'il maintient son équilibre au plan de l'identité.

«La participation représente le plus important facteur d'équilibre et d'évolution...»

En pratique, cela signifie que les gens sérieux sont de bien mauvais compagnons pour les candidats au burn-out. Il ne faut pas hésiter à prendre des risques: à élargir le cercle des familiers et à remettre en question certaines fréquentations. Il s'agit en somme de renouveler ses intérêts, de réveiller sa curiosité et de lui fournir des occasions de s'émerveiller. 'Changer de parc', comme on dit, et investir dans des activités nouvelles en dehors de ses habitudes de vie. Dans des activités sans rapport avec le devoir. Se placer dans des situations ludiques, c'est-à-dire sans finalité, sans objectif précis. Investir de l'énergie et du temps dans ces activités sans arrière-pensée, sans se dire qu'on aurait mieux à faire et qu'il vaudrait mieux s'employer à quelque chose de plus utile.

Il est toujours plus bénéfique, lorsqu'on le peut, de faire passer la créativité par le corps, encore une fois, plutôt que par l'intellect seulement. Une interaction du cerveau et des mains, comme je l'ai mentionné plus haut, est toujours salutaire.

Le groupe représente aussi par ailleurs un facteur positif: rechercher des activités créatrices qui exigent la participation de plusieurs. L'interaction ludique est stimulante pour la curiosité qui se trouve ainsi maintenue en éveil par l'échange avec les autres, en même temps qu'elle est source d'énergie.

Sans vouloir donner dans le biologique à outrance, j'ajoute que l'intérêt, la curiosité, la créativité, suscitent et entretiennent un jeu hormonal et neuronal complexe qu'on définit comme celui du 'mode positif de l'être au monde'.

Une sexualité ludique...

Si je dois consacrer quelques pages à la sexualité, que ce soit par le biais de la redécouverte de l'enfant naturel et à propos du jeu.

Je précise que je n'aborde pas cette question sous l'angle social. Il ne s'agit pas ici de vanter les mérites d'une libération sexuelle — qui d'ailleurs n'a jamais eu lieu! Mais plutôt de trouver l'attitude juste.

De ce point de vue, je dirais que la sexualité n'est pas une affaire de parent — au sens de l'aspect parental du fonctionnement psychique, bien entendu! — mais plutôt celle de l'enfant naturel. Dans la langue tahitienne, qui est celle d'une société qui se définissait traditionnellement en fonction de l'enfant naturel, le même mot — "ûti" — veut dire selon le contexte "jouer" ou "faire l'amour".

«...la sexualité n'est pas une affaire de parent.»

La sexualité est essentiellement une expression ludique de l'énergie cosmique.

Mais nous vivons à une époque où le sexe est triste. Au point que j'en viens à me demander s'il peut en être autrement dans le présent contexte socioculturel. Je ne sais plus qui faisait remarquer que nous sommes devenus incapables de nous concentrer: au travail nous pensons au sexe, et pendant l'amour... nous pensons à autre chose! Pour tout dire, je ne suis pas convaincu qu'on puisse parler de l'aspect ludique de la sexualité — de la sexualité comme d'un jeu, de la sexualité de l'enfant naturel —, sans qu'un tel discours ne prête à confusion. Et je suis encore moins convaincu qu'on puisse prétendre faire de la sexualité une occasion de croissance, une pratique qui permette de développer la conscience d'être... J'aborde donc cette question pour le principe et sous toute réserve...

*«Que la plus
grande activité
sexuelle des
humains est de
l'ordre du mental:
ce sont nos
fantasmes.»*

Mais afin de contribuer d'abord à vous libérer de la pression qu'exerce depuis quelques années une pseudolibération sexuelle, je rappelle que 90% des couples ont des difficultés au plan de la communication sexuelle. Que la plus grande activité sexuelle des humains est de l'ordre du mental: ce sont nos fantasmes. Et que l'expression sexuelle la plus répandue est la masturbation... Je suis donc sans doute mal venu, dans un tel contexte, de suggérer la sexualité ludique comme un moyen de dégonfler le parent intérieur — qui est toujours par définition répressif et culpabilisateur en matière de sexe; et surtout peut-être de suggérer une telle démarche comme méthode de réconciliation avec le moi! Alors qu'en fait tout se passe comme si la sexualité ludique n'était pas à la portée de la majorité d'entre nous... Je dirais même plus: soyons prudents, car la sexualité à notre époque fait souvent partie du problème, rarement de la solution...

Mais cela dit, si les circonstances de votre vie sont favorables et que vous êtes en mesure de vous exprimer sexuellement sans chercher à 'performer', sans l'obligation de prouver quelque chose, à l'autre et surtout à vous-même, et sans culpabiliser, le 'sexe pour jouer' est un excellent moyen de retrouver en vous l'enfant naturel — qui est essentiellement ludique.

...et même le *macramé*

J'ai choisi de n'aborder dans cet ouvrage que quelques thèmes en rapport avec la redécouverte de l'enfant. Je crois donc même nécessaire de rappeler que tout ce qu'on entreprend pour soi, en fonction de ses besoins et de ses goûts, peut contribuer à la prévention ou à la guérison d'un burn-out. Que ce soit la musique, la lecture, la peinture, etc.

Comme je le disais dans l'introduction: **«Ce sont moins les techniques ou les pratiques comme telles qui comptent que l'attitude dont elles témoignent et la motivation...»**

LA CROISSANCE

La croissance est dans la nature même de l'enfant.

Le parent, lui, se perçoit comme achevé. L'image que nous avons assimilée du parent est celle d'un être tout-puissant qui est au contrôle de lui-même. Pas question de croissance... Les mythes se passent de croissance! Ce qui revient à dire que si nous sommes dominés par le surmoi, il nous est pratiquement impossible de reconnaître la nécessité de la croissance... Et c'est précisément cette domination et en particulier l'identification au parent que nous devons faire éclater.

«...le sens même de la vie se trouve dans la croissance.»

Redécouvrir l'enfant naturel, c'est découvrir qu'on est en croissance, que le sens même de la vie se trouve dans la croissance.

L'enfant vit en fonction de son apprentissage, de sa transformation jour après jour — de sa croissance. D'ailleurs, c'est curieux comme le sens de la vie apparaît clairement lorsqu'on s'adresse à un enfant! On recourt, par exemple, à la métaphore du chemin: la vie est un cheminement qui comporterait des étapes à franchir... Mais sitôt devenu une grande personne, on cesse de se percevoir en croissance. Pour se rassurer sans doute, car le changement comporte des risques: celui surtout de ne plus pouvoir se définir en fonction des valeurs éprouvées et des anciennes priorités. Mais ne sommes-nous pas au contraire engagés dans un processus de croissance qui prolonge et poursuit celui de l'enfance? Si nous refusons de nous percevoir en train de devenir, peut-être devons-nous nous demander en toute lucidité si nous ne progressons pas à reculons dans la vie, c'est-à-dire malgré nous. Avec les ratés que cela suppose.

Il est capital que je saisisse, non pas seulement au plan de l'intellect, mais surtout au plan de l'intuition, que le devenir ne se trouve pas entièrement à l'extérieur de moi, pas plus que l'avenir du reste, c'est-à-dire dans les événements qui vont se manifester et dans les interventions des autres qui vont affecter ma vie; mais qu'il se trouve aussi et surtout à l'intérieur de moi — du moins pour ce qui est des attitudes qui contribuent à déterminer mon devenir. D'un instant à l'autre je deviens de l'intérieur, je détermine mon devenir par mes attitudes. Il est vrai de dire que je suis en même temps engagé dans un processus d'adaptation à un environnement extérieur mouvant; mais je peux et je dois intervenir au niveau de mes attitudes dans les situations qui me sont faites, par la direction que je donne à mes pensées et à mes émotions. Ce qui suppose un certain travail sur ce que je deviens de l'intérieur, afin de ne pas laisser les événements, les circonstances, les conditions et surtout les autres, être pour ainsi dire les seuls agents de mon changement, de ma transformation — de ma croissance.

Il y a ceux qui subissent la vie selon le mode d'adaptation par la soumission et ceux qui interviennent — qui s'adaptent par l'action. Mais l'action doit s'entendre, non seulement au sens d'agir à l'extérieur, mais aussi à l'intérieur. Intervenir, c'est définir des attitudes en fonction de ses priorités et les projeter à l'extérieur à travers des choix. Ce qui a pour effet de modifier dans une certaine mesure les événements extérieurs vers lesquels on avance, mais surtout de favoriser l'adaptation par l'action.

Ce qui revient à s'engager en pleine conscience dans un processus de croissance, dont on veut être autant que possible le principal agent.

On peut croître sans en avoir conscience: réagir aux pressions extérieures des événements, des circonstances, des conditions, ou réagir aux attentes des autres. Mais on peut — et on doit — vivre le changement comme une croissance, parvenant ainsi à un plus grand contrôle de sa vie, à une plus grande maîtrise de soi.

Ce qui exige de la lucidité et du courage. Mais ce qui exige avant tout de se percevoir soi-même comme un être en croissance. Comme l'enfant qui investit dans la conscience de devenir.

Le développement de l'être ou sa croissance ne consiste pas seulement à avancer en âge, mais comme le dit le psychologue Erik Erikson, à «déployer une structure latente, réaliser un potentiel personnel, gagner en efficacité»; car «par développement, on entend un enrichissement prévisible et, à son heure, l'apparition de capacités exécutives nouvelles dont, auparavant, les potentialités n'étaient pas disponibles.» (*)

À chaque étape de la vie, une nouvelle potentialité se développe. À l'âge du jeu, l'enfant doit développer l'autonomie. "Je suis ce que je veux." Si un blocage se produit à ce stade du cycle de la vie, s'il y a un obstacle, ou un arrêt de la croissance psychique, l'enfant débouche sur la honte, le doute, la timidité... À un autre stade, beaucoup plus tard, au début de l'âge adulte, l'être doit développer l'intimité. "Je suis fonction du rapport à l'autre." S'il y a obstacle ou arrêt, il débouche sur l'isolement... Tout stade du cycle de la vie franchi avec succès devient un facteur de réussite intime et d'intégration sociale. Ce qui se traduit par une plus grande estime de soi. Alors que tout arrêt de la croissance se traduit au contraire par la souffrance et le désespoir.

Le burn-out peut être considéré, sinon toujours comme un arrêt, du moins souvent comme un ralentissement dans le processus d'évolution du cycle de la vie et de la croissance de l'être. On se trouve toujours, au moment d'un burn-out, à un stade de son évolution où l'on doit se redéfinir au plan professionnel par rapport au monde, mais aussi et surtout au plan personnel par rapport à soi.

C'est ainsi que d'étape en étape, la croissance consciente permet de découvrir progressivement le sens de la vie. "Or, c'est dans la découverte du sens de la vie, rappelle Erikson, que se trouve l'aboutissement, l'accomplissement et la plénitude de l'être."

La vie est essentiellement une démarche de croissance qu'il s'agit de rendre consciente.

Pour Erikson, c'est aussi *«l'enfant qui engendre l'adulte»*.

(*) «Identity and the life cycle». Ceux qui voudraient se familiariser avec la pensée d'Erik Erikson pourront lire l'ouvrage de A.S. Gandell DPs, *La Conquête du MOI*, (La Presse).

*«Tuez-vous
l'enfant pour lui
épargner
l'ennui de vivre?»*

Q: «Qu'est-ce qui est nécessaire?

M: «Croître est nécessaire, se dépasser est nécessaire. Laisser derrière soi le bon pour le meilleur est nécessaire.

Q: «À quelle fin?

M: «La fin est dans le commencement. Vous finissez là d'où vous êtes parti — dans l'absolu.

Q: «Mais alors pourquoi se donner toute cette peine si c'est pour revenir au point de départ?

M: «La peine de qui? Quelle peine? Avez-vous pitié de la graine qui va se développer et se multiplier jusqu'à ce qu'elle devienne une puissante forêt? Tuez-vous l'enfant pour lui épargner l'ennui de vivre? Qu'y a-t-il de mal dans la vie, toujours plus de vie? Débarrassez-vous des obstacles à la croissance et tous vos problèmes personnels, sociaux, économiques et politiques se dissoudront tout simplement. En tant que tout, l'univers est parfait et l'effort du particulier vers la perfection est un chemin de joie. Sacrifiez de bon coeur l'imparfait au parfait et il ne sera plus question de bien ou de mal.

Q: «Et malgré tout, nous avons peur du meilleur et nous nous attachons au pire.

M: «C'est là notre bêtise, qui frôle la folie.»

Sri Nisargadatta Maharaj, *Je suis,* Les Deux Océans.

«*C'est l'enfant qui engendre l'adulte...*»

Je vous propose maintenant un exercice de vision globale à partir de l'interprétation de la grille de l'Analyse Transactionnelle adaptée en fonction de notre objet.

Voici comment on pourrait se représenter la croissance harmonieuse et dynamique de l'être: prenant sa source au niveau de l'enfant naturel, elle débouche éventuellement sur le stade adulte, dans une perspective de dépassement.

Soit:

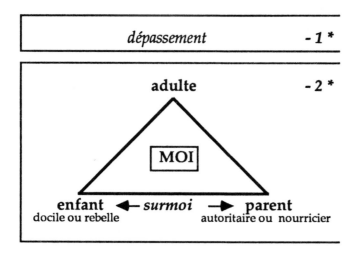

enfant naturel

1 * Niveau de la Psychologie Transpersonnelle et des Écoles de sagesse.

2 * Niveau des Psychologies Humanistes.

La meilleure des grilles n'est jamais qu'un outil imparfait d'investigation.

L'enfant naturel est l'être au monde, tel qu'il émerge de la *'massa confusa'*. Il commence à développer son individualité.

Mais à un moment, il s'engage dans une interaction avec les autres et avec le monde, afin de développer son être social. Il fait alors l'expérience en lui de l'opposition parent-enfant sous tous ses aspects. *"Je suis les autres."*

Mais pour parvenir au stade adulte — tout en maintenant un équilibre harmonieux et dynamique dans ses rapports avec les autres et avec le monde — il doit poursuivre sa croissance, afin de s'assumer dans son être et devenir autonome.

«Tout le long de ce cheminement, l'enfant naturel a été son guide.»

Il parvient ensuite au stade ultime de son développement en tant qu'individu: celui du dépassement du monde, des autres et aussi de lui-même — dans le sens où il doit dépasser au moins relativement les conditionnements et les patterns de fonctionnement du niveau de l'être social. *"Je suis plus que les autres..."*

Sa participation à une Conscience qui se trouve au-delà de la conscience ordinaire commence alors à se révéler à lui.

Tout le long de ce cheminement, l'enfant naturel a été son guide.

L'ADULTE

**Poursuivre sa croissance
en pleine conscience
et
devenir autonome**

La réconciliation avec le moi peut aussi s'entendre au sens de la **réalisation du moi.**

On peut considérer la réalisation du moi en fonction de l'adulte, de deux points de vue:

❏ CELUI DE *L'ÊTRE AU MONDE* —

dans une interaction harmonieuse et dynamique de l'être et de la société, alors que le moi doit se réaliser dans sa différence à travers ses priorités et ses choix personnels; sans pour autant donner dans une marginalisation qui compromettrait un équilibre nécessaire, cette réalisation du moi suppose qu'on puisse être 'différent' et vivre 'autrement' selon ses propres valeurs et ses priorités.

❏ CELUI DE *L'ÊTRE EN SOI* —

dans une interaction renouvelée et consciente du parent et de l'enfant intérieurs, qui passe en particulier par la redécouverte de l'enfant naturel: une démarche qui tend vers l'autonomie de l'individu, qui lui permet de réaliser son aspect adulte.

164

L'ÊTRE AU MONDE

Au début de notre démarche, afin de cerner la problématique de l'interaction de l'individu et de son environnement psychosocial, je me suis tourné vers Bruno Bettelheim dont la réflexion sur cette question me paraissait capitale.

Et déjà nous avons pu entrevoir les solutions individuelles qu'il préconise. En particulier de ne pas s'adapter par la soumission, mais par l'action. Car si l'individu n'offre pas de résistance, il risque d'être désintégré par le système — ce qui précisément menace le candidat au burn-out.

Au moment où nous sommes engagés dans la recherche de solutions, il me paraît nécessaire d'interroger à nouveau Bettelheim et d'examiner de plus près certaines des solutions qu'il préconise, relativement à l'interaction de l'individu et de son environnement psychosocial.

Je retiens en particulier **quatre moyens**, qu'on retrouve aussi par ailleurs chez plusieurs maîtres à penser de notre époque, d'assurer la survie individuelle dans une société de masse à intégration poussée:

      ❑ développer son **autonomie**

      ❑ retrouver le sens de la **responsabilité**

      ❑ affirmer son **individualité**

      ❑ mettre l'accent sur **l'intégration**

L'autonomie

Les moyens que suggère Bettelheim pour organiser une résistance individuelle face à l'intégration par le système, portent d'abord sur le refus de s'adapter par la soumission, autrement dit le refus de se conformer intérieurement aux exigences du système; et sur la volonté de conserver le plus possible son autonomie. Il estime que plus la société devient complexe, plus l'individu a besoin d'un libre pouvoir de décision pour survivre.

« *La prise de décision, comme les nerfs et les muscles, s'atrophie si elle ne s'exerce pas...*»

Dans une société où tant de décisions sont prises pour nous, il est bon de se rappeler que la prise de décision, comme les nerfs et les muscles, s'atrophie si elle ne s'exerce pas... «La prise de décision, fait remarquer Bettelheim, crée le moi, le nourrit et le fait croître.»

L'homme occidental a sans doute eu raison de permettre à la société de gérer certains aspects de sa vie: la technologie moderne et la production de masse lui ont apporté des bénéfices tangibles. Mais le fait qu'il ait obtenu ces avantages en s'en remettant de plus en plus à des experts l'incite à leur confier aussi, et de plus en plus, les questions qui dépendent encore de sa liberté personnelle.

Bettelheim définit l'autonomie comme «l'aptitude intérieure de l'homme à se gouverner lui-même, à chercher consciencieusement un sens à sa vie». Ce qui ne suppose pas une révolte de principe contre l'autorité, mais plutôt comme il le précise: «l'expression tranquille d'une conviction intérieure, sans considération de convenances, ni de ressentiment, indépendamment des pressions ou des contraintes sociales».

Mais le système laisse peu de choix, peu de possibilités d'intervenir. L'individu se trouve le plus souvent entraîné dans un enchaînement de circonstances qui forment comme un réseau inextricable d'où découlent de nouvelles circonstances qui laissent encore moins de place à l'autonomie et à la responsabilité — et ainsi de suite... La bureaucratie en particulier tend à prévoir toutes les hypothèses, de façon à rendre impraticables celles qui taxeraient le système au profit de l'individu. La résistance aux horaires flexibles, au travail à temps partiel, au transfert des avantages accumulés d'une institution à l'autre, etc. — tout cela ne s'explique pas autrement que comme une forme de contrainte exercée sur l'individu. Tout se passe comme si le système ne pouvait tolérer que le bien-être d'un individu résulte d'une prise de décision autonome et qu'on puisse trouver sa satisfaction en dehors des normes qu'il a lui-même établies.

L'initiative personnelle représente donc un excellent moyen de reprendre un certain contrôle sur sa vie: savoir prendre l'initiative d'une décision, d'une action, pour se retrouver.

Ce qui m'amène à parler de la responsabilité.

La responsabilité

Bettelheim fait remarquer que l'une des tactiques les plus efficaces des régimes autoritaires consiste à imputer la responsabilité au groupe plutôt qu'à l'individu. «L'une des premières conditions de l'indépendance de l'individu, écrit-il dans «Le coeur conscient» (Le Livre de Poche), est qu'il soit personnellement responsable de ses actes.»

Cette question de la responsabilité est d'autant plus importante à mes yeux qu'il existe un rapport direct entre la responsabilité personnelle et le niveau de conscience. La prise en charge des individus entraîne toujours une baisse de leur niveau de conscience. Dans la mesure où nous sommes tous relativement pris en charge par le système, on peut en déduire que notre société ne favorise pas l'élévation du niveau de conscience des individus. Les services sociaux, qui offrent par ailleurs des avantages réels, n'en favorisent pas moins la prise en charge systématique, ce qui a pour effet de diminuer le niveau de conscience individuel. La sécurité de celui qui prend en charge dépend en quelque sorte du fait que le bénéficiaire renonce à son autonomie et qu'il remette à l'intervenant la responsabilité de tel ou tel aspect de sa vie. Tel est le modèle sous-jacent au fonctionnement de notre société. Et celui qui prend en charge sur un plan se trouve lui-même pris en charge sur un autre. Ainsi devenons-nous les otages les uns des autres: c'est dans la mesure où un individu en contrôle d'autres qui renoncent à leur autonomie et à leur responsabilité personnelle pour s'en remettre à lui, qu'il assure sa propre sécurité. Il s'agit de toute évidence d'un fonctionnement débilitant qui ne favorise pas l'élévation du niveau de conscience.

«...il existe un rapport direct entre la responsabilité personnelle et le niveau de conscience.»

Mais avant qu'une prise de conscience de cette situation ne s'impose et que ne soient prises des mesures pour redéfinir le fonctionnement du système, ce qui est pour le moins un projet à long terme, nous devons agir individuellement afin de prévenir ou de guérir certains états de mal-être qui découlent en partie de l'aliénation de l'individu dans notre société. Ce qui revient à dire que nous devons reprendre le plus possible le contrôle de nos vies: retrouver notre autonomie et le sens de la responsabilité personnelle.

167

L'individualité

«*Vouloir être seul ou premier maître à bord dans la décision de sa vie ne conduit pas nécessairement à la stérile clôture sur soi qu'on se complaît à dénoncer.*»
Alain LAURENT, *De l'individualisme – enquête sur le retour de l'individu*, PUF.

«*...être individualiste, ce n'est pas que réclamer ses droits et ses privilèges, mais aussi reconnaître ses devoirs.*»

L'individualisme est souvent associé à l'égoïsme et au narcissisme. Ce n'est pas dans ce sens que je l'entends dans le présent contexte, mais comme le respect de l'individu et de ses droits – ceux des autres aussi bien que les siens. De plus, être individualiste, ce n'est pas que réclamer ses droits et ses privilèges, mais aussi reconnaître ses devoirs. Et c'est en particulier se prendre en charge.

L'individualisme compris de cette façon permet de compenser pour l'aliénation éprouvée par les individus dans un système qui tend à les normaliser, à les rendre toujours plus conformes les uns aux autres. La révolution industrielle a fait de nous les victimes d'un processus de normalisation qui entretient chez les individus la peur d'être différent, de vivre autrement. Le système ne favorise pas la diversité, alors que seule la diversité peut assurer le renouvellement des structures de la société tout en permettant aux individus de se réaliser.

Le burn-out m'apparaît de plus en plus comme une forme de mal-être qui découle en partie d'une hyperadaptation sociale mal compensée par un mode de vie stressant et autodestructeur. La valorisation de l'individu, autrement dit la conscience de sa singularité, apparaît donc comme un moyen efficace de prévenir et/ou de guérir le burn-out.

Nous assistons pourtant depuis peu dans le secteur socio-économique à un éclatement des marchés. Ce qui n'était pas le cas à l'époque où Bettelheim poursuivait sa réflexion. Cette diversification des marchés est peut-être le signe que nous entrons malgré tout dans l'ère postindustrielle, que certains appellent l'ère postmoderne... La vogue du 'look' par exemple pourrait bien témoigner de la recherche d'une certaine individualité dans la mode. Il faut savoir que la mode est information. Elle témoigne de l'évolution des mentalités. Or, c'est aux jeunes que nous devons cet éclatement de l'uniformité dans le vêtement. À une époque où l'on croyait pouvoir enrégimenter la jeunesse et lui imposer un uniforme, les jeunes ont réagi et, à partir des excès des 'punks', ils ont inventé le 'look', en réaction inconsciente contre la tendance à l'uniformisation. Le courant a bien sûr été récupéré par le système, mais il demeure que, paradoxalement peut-être, le 'look' préconise que chacun ait le privilège d'être différent des autres dans son vêtement. En tant que phénomène, le 'look' témoigne — ou plutôt a témoigné à un moment — du besoin pour chacun d'être, dans une certaine mesure et selon sa nature propre, différent des autres; et du besoin pour chacun d'afficher cette différence, cette unicité — du droit d'être vraiment un individu. Ce phénomène apporte donc un peu d'espoir. Celui peut-être d'une remise en question de notre système à intégration poussée par les jeunes qui se trouvent dans l'obligation, s'ils veulent trouver leur place au soleil, d'inventer une nouvelle société.

«Si j'entends vivre pour moi, écrit encore Alain Laurent, je *ne* vis pas *que* pour moi.(...) Et j'entends aussi vivre par moi.» Responsable de ma vie, je veux pouvoir faire des choix en fonction de mes priorités. Ne pas me conformer, si tel est mon plaisir, car c'est aussi mon droit le plus strict. Non pas pour contester le système, mais simplement pour être mieux en étant moi-même: aussi différent des autres, mais aussi semblable aux autres qu'il m'est nécessaire pour vivre en tant qu'individu dans une société donnée. J'estime donc que je me dois d'abord à moi-même. Ce qui suppose d'investir de l'énergie et du temps dans ma propre vie. Tel est le prix de la liberté: l'individualisme comme tout le reste s'acquiert.

«Mais en réclamant pour moi-même le droit d'être différent et de vivre autrement si tel est mon plaisir, je le fais aussi pour les autres auxquels je reconnais le même droit.» Je ne veux pas être pris en otage par les autres: obligé de me conformer de plus en plus pour survivre dans le système. C'est payer trop cher la sécurité qui en découle, d'autant que cette sécurité devient de plus en plus aliénante. Mais je m'engage en même temps à ne pas piéger les autres. C'est en quoi l'individualisme devient altruisme.

«Le retour de l'individu» favorise l'expansion de la conscience... Car l'objet de ma démarche demeure l'expansion de la conscience,

«Si j'entends vivre pour moi (...) j'entends aussi vivre par moi...»

individuelle et collective. Que ce soit dans la perspective d'un mieux-vivre au plan psychique ou d'une réalisation au plan spirituel. Or, l'autonomie et la responsabilité personnelle sont essentielles pour que l'individu puisse élargir le champ de sa participation au monde et devenir plus conscient.

«*Les victimes du burn-out me paraissent d'excellents agents de transformation de la société...*»

Les victimes du burn-out me paraissent d'excellents agents de transformation de la société, précisément parce qu'elles se trouvent dans l'obligation, pour se tirer elles-mêmes de l'impasse où les retient cette forme de mal-être, d'entreprendre ou de poursuivre plus activement une transformation au plan individuel, ce qui suppose avant tout de se redécouvrir en tant qu'individu.

L'individualisme dont il s'agit ici — et qui pour beaucoup d'entre nous reste à inventer — passe par des choix exigeants. Choisir l'autonomie et la responsabilité personnelle, c'est prendre un risque: non seulement celui de se libérer, mais aussi celui de libérer les autres de soi... Mais c'est un choix généreux, car en devenant soi-même plus autonome et plus responsable, on permet aux autres de le devenir aussi.

Eric Fromm a écrit dans *L'homme pour lui-même:* «... la faille, dans notre civilisation, ce n'est pas son principe d'individualisme, non plus que son affirmation d'une vertu morale identifiable à la poursuite de l'intérêt de soi: c'est la dégradation de ce sens de l'intérêt réel. Ce n'est pas non plus que les gens s'occupent trop de leur intérêt, mais qu'ils savent ni le reconnaître, ni le servir; non pas qu'ils soient égoïstes, mais qu'ils ne s'aiment pas véritablement eux-mêmes.» Il s'agit de s'aimer assez pour se prendre en charge, pour demeurer au contrôle de sa vie et non plus être «l'impotent qui cherche frénétiquement abri et protection auprès des autres, en leur offrant ce fardeau dont il ne veut pas prendre la responsabilité: soi-même».

L'intégration

«Une évolution rapide entraîne toujours des crises sociales jusqu'à ce que l'homme ait appris à effectuer un progrès correspondant dans l'intégration psychologique qui lui permet non seulement de s'adapter à la situation mais de la maîtriser.»
Bruno BETTELHEIM, *Le coeur conscient*, Le Livre de poche.

La croissance suppose une adaptation et une redéfinition continuelles par une intégration consciente du vécu. Mais cette intégration est d'autant plus difficile à notre époque que nous sommes entraînés dans un processus d'accélération de plus en plus rapide. «Quand la société change rapidement, dit encore Bettelheim, l'individu ne dispose pas d'un temps suffisant pour acquérir les nouvelles attitudes qui lui permettraient de s'adapter aux changements de son environnement, en fonction de sa personnalité propre. Cela le désoriente et le rend incertain. Plus son désarroi s'accroît, plus il est porté à observer les réactions des autres et à tenter d'imiter leur comportement. Mais ce comportement imité n'étant pas en accord avec sa propre personnalité, il s'ensuit un affaiblissement de son intégration et il devient de moins en moins capable de réagir d'une façon autonome à de nouveaux changements.»

«Sans une démarche consciente en vue d'une intégration plus profonde de son vécu, l'individu est condamné à n'être qu'un automate.»

Pour n'être pas dépassé par le processus d'accélération, l'individu doit donc effectuer des progrès d'intégration psychologique proportionnelle à l'évolution du monde extérieur. Sans une démarche consciente en vue d'une intégration plus profonde de son vécu, l'individu est condamné par le système à n'être qu'un automate. Autrement dit, pour survivre à notre époque d'évolution accélérée, l'individu doit évoluer aussi vite qu'elle en se redéfinissant sans cesse.

Or, les mécanismes individuels d'intégration et d'adaptation se fatiguent et viennent à s'épuiser. C'est précisément ce que le sociologue Alvin Toffler appelle «le choc du futur». Arrive un moment où, comme on dit, "je ne peux plus en prendre", où " j'ai mon voyage"... Où l'intégration ne se fait plus. Sans compter que toute intégration en principe se fait lentement. «Selon les lois de l'économie psychique, fait remarquer Bettelheim, une fois une habitude acquise, d'autres modes de comportement ne se constituent que si l'individu est convaincu qu'ils sont de beaucoup supérieurs aux anciens, ou que c'est la seule forme d'adaptation possible. Il faut du temps pour parvenir à une telle conclusion, du temps et des efforts pour concevoir et perfectionner de nouveaux modes de comportement et encore plus de temps et d'efforts pour véritablement les assimiler.»

«Un changement économique et social rapide entraîne bien souvent une diminution de l'autonomie individuelle.»

Un changement économique et social rapide entraîne donc bien souvent une diminution de l'autonomie individuelle. «Moins l'homme est capable de résoudre ses conflits intérieurs — ou la contradiction entre ses désirs et les exigences de l'environnement — plus il s'en remet à la société pour trouver une solution aux problèmes qu'elle lui pose, poursuit Bettelheim. Il importe peu qu'il la puise dans l'éditorial de son journal, dans la publicité, ou dans la psychiatrie. Plus il accepte les réponses qu'on lui fournit, moins il devient capable d'une réaction indépendante et plus il est contraint de trouver des solutions en dehors de lui-même.»

Pour compenser le risque d'être désintégré par le système, nous devons favoriser l'intégration par une démarche délibérée. Au plan collectif, à travers les groupes: multiplier les occasions de prise de conscience par des colloques, des rencontres, des séminaires, sur ce que nous sommes en train de vivre; au plan individuel, à travers une démarche de croissance qui permette de réévaluer son interaction avec le monde et avec les autres, et d'identifier ses besoins et ses priorités.

L'ÊTRE EN SOI

L'intimité

Parmi les moyens qui s'offrent de se reprendre en main, il y a l'intimité. Le couple, la famille, le clan, les amis — ce sont autant d'appuis qui empêchent la désintégration de l'individu, qui étayent son identité. Mais l'intimité, c'est d'abord par rapport à soi qu'il faut l'entendre.

seul(e)...

Il ne suffit pas d'affirmer son individualité et de devenir autonome par rapport au monde, encore faut-il poursuivre la même démarche par rapport à soi.

Qu'est-ce à dire?! Ne suis-je pas moi?

Pour être vraiment soi, il faut se libérer — au moins relativement — des conditionnements dont on a été l'objet, des patterns de comportement dont on est l'esclave. De ce qui fait que "je suis les autres".

«...se libérer des conditionnements dont on a été l'objet... »

Je suis dans le monde, mais le monde est en moi. On ne peut pas éclairer son interaction avec le monde sans éclairer aussi son interaction avec le monde en soi.

Je m'entretenais un jour avec un vieux moine bouddhiste qui me décrivait certaines pratiques de méditation. À propos de l'une d'elles, il me dit:

— *"C'est avec cette pratique que j'ai franchi l'étape la plus importante vers la libération..."*

— *"La libération de quoi?"* lui demandai-je.

Étonné par la naïveté de ma question, il me répondit sur le ton de l'évidence:

— ***"Mais la libération de moi-même!"***

Toutes les démarches sérieuses de travail sur soi, qu'on passe par la psychologie ou par les pratiques d'une spiritualité authentique, peuvent se ramener à la notion de libération.

Ce travail consiste principalement à prendre conscience de ses chaînes et à s'en libérer.

Le moi qu'il s'agit de libérer se définit en fait au-delà des conditionnements et des patterns, au-delà des autres et du monde en soi. On ne parvient à le libérer qu'au prix d'un effort conscient qui passe par un examen de ses attitudes, de ses comportements, de ses habitudes de vie.

L'objet de cette démarche est précisément la découverte de son être intime.

L'intimité, c'est donc d'abord et avant tout par rapport à soi qu'elle doit s'entendre.

Peu après sa naissance, l'enfant commence à prendre conscience de lui-même, de son individualité. Mais cette prise de conscience progressive se trouve, à un moment de l'évolution, entravée par la nécessité où il est d'assimiler les informations qui lui viennent des autres et de l'environnement, de manière à assurer sa survie. Et c'est ainsi que — finalement — au lieu de devenir soi-même on devient les autres! On peut du reste demeurer les autres toute la vie. Et quoi qu'on fasse, il est même certain qu'on ne parviendra jamais à se libérer tout à fait des autres en soi, à cause de la nécessité où l'on se trouve de se définir aussi en fonction du monde.

Mais le développement de l'être exige qu'à un moment il poursuive la démarche entreprise par l'enfant à la découverte de son individualité. Cette démarche, on la poursuit, tantôt poussé par une force instinctive — par le bas; tantôt tiré par une force intuitive — par le haut. Cette démarche est donc surtout inconsciente. Mais il se trouve justement qu'elle gagne beaucoup à devenir consciente. En particulier chez ceux dont le déchirement entre l'être dans le monde et l'être en soi a entraîné un arrêt du développement, qui s'est traduit par une forme ou une autre de mal-être.

Pour pouvoir entretenir avec d'autres une véritable relation d'intimité, il faut d'abord que je me définisse à partir du centre de mon être. C'est alors que l'intimité peut s'étendre à ma relation au monde. Mais si je ne suis pas centré, je recherche en dehors de moi ce qui en fait dépend de moi seul: ma relation avec les autres devient alors névrotique du fait qu'elle ne représente pas un **plus** dans ma vie, mais tend plutôt à compenser pour un **moins**.

«...si je ne suis pas centré, je recherche en dehors de moi ce qui en fait dépend de moi seul...»

... et avec d'autres

Le couple, la famille, le clan, les amis.

Il ne faut pas se faire une obligation de vivre une vie de couple. La centration de l'être demeure la seule véritable priorité. Mais il se trouve aussi par ailleurs que la centration de l'être représente une démarche capitale pour la vie du couple — si on a choisi ou qu'on choisit d'en vivre une. Quand on y regarde de plus près, on se rend compte en effet que les problèmes du couple sont très souvent des problèmes individuels qui n'ont pas été résolus et qui surgissent à la faveur de l'interaction avec l'autre.

Dans la plupart des cas, le burn-out commence par une attitude inadéquate par rapport au travail (profession, vocation...) et se développe d'autant plus que l'être, qui se tourne alors vers la vie personnelle afin de compenser pour son insatisfaction dans le travail, découvre tout à coup que sa vie sur ce plan ne répond pas non plus à ses attentes...

Des études faites depuis une vingtaine d'années démontrent que c'est dans la vie personnelle, en particulier à travers les situations de couple, qu'on trouve les plus importants facteurs de stress, positifs aussi bien que négatifs: cohabitation, mariage, séparation, divorce, veuvage...

Il n'est plus à démontrer que la dynamique du couple doit reposer sur l'autonomie des individus. Plus la dépendance de l'un est grande à l'égard de l'autre, à travers une relation complexe comme par exemple entre le parent intérieur de l'un et l'enfant intérieur de l'autre, plus il y a de chances que l'interaction devienne difficile. Ce qui revient à dire que la solution à la plupart des problèmes du couple passe par le travail sur soi.

La vie de couple dépend aussi de l'attitude qu'on a face à la vie en général. Si en mon for intérieur je suis convaincu que la vie me doit le 'bonheur', mes attentes sont grandes. Or, nous entretenons en général trop d'attentes à l'égard du couple. Ces attentes viennent à peser lourdement et le couple à un moment finit par céder sous le poids. Mais si au contraire j'ai une vision plus réaliste, je comprends que la vie est une occasion d'expériences diverses dont certaines sont difficiles et mes attentes sont moins grandes: le couple ne m'apparaît plus comme la source obligatoire de bonheur, mais plutôt comme l'association de deux êtres pour traverser la vie en s'aidant l'un l'autre.

Le **couple-association** exige une vision claire et non embuée par les émotions. Il exige entre autres de faire la distinction entre les intérêts personnels et les intérêts communs. Non seulement les priorités individuelles se trouvent ainsi davantage respectées, mais on découvre que dans les grandes questions les objectifs communs le plus souvent l'emportent.

Qu'ils soient d'ordre psychique ou matériel, les objectifs communs deviennent ce vers quoi tend le couple-association, véritable mécanisme d'entraide mutuelle formant un rempart contre les pressions du monde extérieur.

Les couples qui ont le plus de chances de résister à ces pressions et de s'épanouir sont ceux dont les partenaires ont un objectif commun, fût-ce tout simplement celui d'affronter la vie ensemble...

Et qui ont aussi une certaine compatibilité au plan de l'humour!

En somme, les couples qui tiennent contre vents et marées sont ceux qui représentent un facteur de renouvellement pour les partenaires.

En prenant de l'âge et un peu de recul dans la vie, on découvre que la famille est très importante...

Il est certain que l'éclatement de la famille auquel nous assistons depuis bientôt un quart de siècle favorise beaucoup les états de mal-être. D'autres diront que la famille a longtemps été et demeure encore elle-même la cause de nombreux états de mal-être... Ce qui démontre sans doute qu'il faut s'entraîner à considérer les choses dans leur complexité; et que, par ailleurs, les contradictions font partie de la vie... Devenir adulte, c'est sans doute commencer à saisir la complexité et la contradiction de la vie. Et vivre avec!

Mais lorsque je regarde derrière moi, ce qui me revient des événements les plus importants de ma vie, ce sont le plus souvent les souvenirs qui se rapportent à la famille: le conjoint, les enfants — et les amis. La famille comme telle, mais aussi le clan des familiers — ce qu'on appelle la 'famille choisie' — apparaissent comme la fondation sur laquelle la vie individuelle prend appui. Comme le couple, le clan représente un mécanisme d'entraide mutuelle, un rempart contre les pressions du monde extérieur. Ce mécanisme favorise le partage des expériences, parfois aussi des biens et des services, entretenant ainsi chez les individus un sentiment de participation. C'est le commerce au sens large du terme... Il faut veiller à alimenter consciemment cette dynamique. La vie est une aventure exigeante qu'il est plus facile de traverser lorsqu'on a le sentiment d'être soutenu par le groupe des intimes, des familiers et des amis. C'est la leçon qu'on tire de l'observation du fonctionnement des clans.

De ce point de vue, il faut se rappeler que l'être humain est un animal social: il ne peut assurer son équilibre qu'en investissant de lui-même dans la famille, le clan, le groupe. Loin de réduire son individualité, cette dynamique au contraire la stimule.

Les plus grandes joies et les plus grandes peines viennent de la vie intime ou de son manque. C'est seulement à partir de la prise de conscience de l'importance de l'intimité au double sens du terme — seul(e) et avec les autres —, qu'on peut procéder à une évaluation des autres priorités.

«...le clan représente un mécanisme d'entraide mutuelle, un rempart contre les pressions du monde extérieur.»

L'espace et le temps d'être

Il faut éviter le piège qui consiste bien souvent à entretenir sur le travail sur soi et les pratiques d'un art de vivre une réflexion abstraite. Ce qui ne fait qu'ajouter à la confusion du mental.

Alors qu'il faut au contraire intervenir dans sa vie de façon concrète: adopter de nouvelles attitudes, changer des comportements, par des choix ponctuels portant sur des aspects particuliers de son fonctionnement qu'on a identifiés.

C'est la démarche que je vous propose dans les pages qui suivent. Mais je n'ai pas la prétention d'épuiser la question qui est à vrai dire inépuisable et par ailleurs essentiellement subjective!

Je vous propose d'abord de poursuivre ensemble une réflexion sur ces deux grandes dimensions de la vie que sont l'espace et le temps, réflexion qui devrait se traduire par des choix.

L'espace retrouvé

L'interaction de l'être humain et de son espace est déterminante.

Nous héritons d'un espace physique et psychosocial que nous devons aux circonstances de la vie. Mais nous contribuons par la suite à transformer cet espace, à le recréer: nous agissons sur l'environnement qui en retour agit sur nous.

Nous sommes donc relativement responsables de notre espace. Et il nous faut faire preuve de vigilance si nous voulons qu'il nous soit favorable.

L'environnement physique détermine en grande partie le fonctionnement psychique, à travers les attitudes qu'il inspire, les habitudes qu'il entretient, les comportements qu'il favorise.

S'appartenir, c'est donc aussi participer à un espace sur lequel on exerce un certain contrôle.

Les lieux, les formes géométriques, les couleurs, les objets dont on s'entoure, ont une influence sur nos vies. Les plantes d'intérieur, par exemple, peuvent ajouter une dimension importante: la présence végétale permet d'entretenir un contact avec la nature, même si ce contact se définit plutôt au niveau du symbole, les plantes étant elles-mêmes abstraites de leur milieu naturel.

Mais l'être humain vit aussi de symboles et de rituels.

Et la ritualisation de la vie, à travers la ritualisation de l'espace personnel et du temps, renforce l'identité.

«L'environnement physique détermine en grande partie le fonctionnement psychique...»

Il est souhaitable de disposer d'un lieu bien à soi dans lequel on puisse se projeter et qui évolue, qui se transforme en fonction de l'évolution de l'être. Dans les cas de mal-être, on observe bien souvent que l'espace dans lequel on vit n'a pas évolué depuis un moment. Ce qui est souvent le signe qu'on a soi-même suspendu le processus de transformation. Mais dès que ce processus se remet en marche, on observe au contraire que l'être investit aussitôt sa créativité retrouvée dans la transformation de son environnement. De même que dans de nouveaux choix vestimentaires.

Le vêtement participe à la fois de l'être lui-même et de son environnement. Prolongement de la peau, le vêtement est le médiateur entre l'être et le monde. Il a donc sur l'être la même influence de retour que l'environnement. D'où la nécessité d'investir une certaine énergie au niveau du paraître et de transformer son image, comme moyen d'intervenir au niveau de l'être lui-même.

Entreprendre et poursuivre une démarche concrète suppose des choix ponctuels qui peuvent parfois sembler un peu dérisoires, mais qui pourtant contribuent jour après jour à transformer l'existence — à la renouveler.

J'agis sur le monde et le monde en retour agit sur moi.

«L'espace peut s'entendre aussi au sens psychique.»

L'espace peut s'entendre aussi au sens psychique. Et il est particulièrement important dans le présent contexte de considérer l'espace de ce point de vue.

Je vis dans un certain espace psychique. Je vis dans ma tête et dans mon coeur, dans mes pensées et dans mes émotions ou mes sentiments, en fonction d'intérêts personnels qui découlent de mes valeurs. Et cet espace, c'est moi.

Il faut donc veiller à protéger cet espace. En choisissant autant que possible les expériences de vie qui vont l'entretenir ou le transformer dans le sens qu'on souhaite.

À notre époque de surinformation, l'espace psychique des individus se trouve gravement menacé. Nous sommes bombardés de messages qui nous envahissent et nous dépossèdent en partie de nous-mêmes. Si nous n'exerçons pas une vigilance de guerrier, cette multiplication des messages, d'ailleurs souvent contradictoires, finit par nous conditionner, par déterminer nos comportements et nos attitudes.

Je n'ai pas la naïveté de penser qu'on puisse échapper à toute forme de conditionnement. Je dis au contraire que l'environnement nous détermine en grande partie et qu'il est facile, surtout à notre époque, de se définir en fonction des modèles imposés de l'extérieur avec le risque d'être dépossédé de soi. Il faut donc exercer une grande vigilance à l'endroit même de tous ces facteurs de conditionnement dont on est en général assez peu conscient. Ce qui suppose précisément de le devenir davantage et de faire des choix en conséquence. Faut-il par exemple lire le journal tous les jours? Faut-il ouvrir la radio comme on ouvre un robinet? Faut-il céder à la magie de la télévision soir après soir — avec la curieuse impression d'aller à la dérive?... Sans pour autant préconiser une rupture avec le monde extérieur tel qu'il s'impose à notre espace psychique, il est capital de se protéger davantage.

Capital aussi d'exercer un certain contrôle sur les sollicitations des personnes qui m'entourent. Je dis plus loin l'importance du partage, de l'échange, de l'entraide. Mais au-delà d'un seuil de tolérance, je constate que l'espace psychique des autres peut représenter une menace pour le mien. Il arrive que je sois littéralement submergé par les autres, avec l'impression de ne plus avoir de prise sur ma propre vie. C'est du reste un des symptômes du burn-out.

Il faut éviter d'être envahi par les autres afin de n'être pas dépossédé de soi, en protégeant son espace psychique, mais sans pour autant se refermer. L'espace psychique doit en effet demeurer un système ouvert, en interaction avec le monde et les autres.

«....éviter
d'être envahi
par les autres
afin de n'être pas
dépossédé
de soi...»

Il s'agit en somme d'exercer un contrôle conscient: être au contrôle de sa vie, c'est protéger son espace physique et psychique.

C'est aussi parvenir à une meilleure gestion de son temps.

Le temps libéré

> «*La montre est aujourd'hui l'objet le plus produit dans le monde... Désormais, tout le monde a une montre et personne n'a de temps. Donnez votre montre et prenez votre temps.*»
> Jean-Louis SERVAN-SCHREIBER, *L'Art du temps*, Fayard.

On trouve aujourd'hui plusieurs théories sur la gestion du temps. Ce qui provient sans doute de ce que nous sommes obsédés par le temps. Nous avons l'impression que le temps nous échappe, et d'aller à la dérive... Mais cette situation est en partie remédiable, car plus on parvient à exercer de contrôle sur le temps, plus on éprouve le sentiment de s'appartenir.

La question peut se ramener à une prise de conscience très simple: **le temps est le même pour tous**. C'est même sans doute la seule chose dont on puisse dire qu'elle est partagée équitablement. Mais alors comment se fait-il que certains trouvent toujours du temps et que d'autres n'en ont jamais assez? Ce qui pourrait sans doute s'expliquer en partie par le fait que certains ont plus d'activités que d'autres. Pourtant on peut faire la même constatation à propos de ceux qui ont à peu près les mêmes activités. On dit même parfois que ce sont les gens les plus occupés qui parviennent à trouver encore le temps d'en faire davantage, lorsque les circonstances l'exigent.

Il est vrai que certains prennent leurs décisions plus vite et perdent en général moins de temps. Ils auraient donc des qualités personnelles qui leur permettent d'exercer un meilleur contrôle sur le temps. Il entre dans la gestion du temps, comme dans tout le reste d'ailleurs, une certaine aptitude à vivre, naturelle ou acquise. Mais au-delà de ces qualités personnelles, on constate que la gestion du temps dépend aussi en grande partie d'une réflexion sur la question et d'une meilleure planification.

«Il entre dans la gestion du temps, une certaine aptitude à vivre, naturelle ou acquise.»

Cette question est d'autant plus importante dans le présent contexte que les candidats au burn-out ont très souvent l'impression d'aller à la dérive dans le temps et de ne pas s'appartenir; et que par ailleurs pour exercer un plus grand contrôle sur sa vie, il faut de toute évidence exercer un plus grand contrôle sur son temps.

Les experts parlent de "temps contraint" et de "temps libéré". Le temps contraint est celui que je dois à la société; le temps libéré, celui que je peux m'accorder.

Mais cette explication comporte une faille: alors qu'à notre époque nous disposons de plus de temps de loisir, donc en principe de plus de temps libéré, nous avons au contraire l'impression de nous appartenir de moins en moins... C'est que le temps libéré passe en grande partie à des occupations qui ne sont pas vraiment des occupations de loisir: les transports, les courses, les tâches domestiques... Ce qui exige, comme chacun sait, beaucoup de temps. J'ai une amie qui estime par exemple qu'elle passe plus de cinq heures par semaine au transport de ses enfants...

De la réflexion sur le temps doit découler une meilleure planification. Même si on est très occupé, il faut trouver le temps d'organiser son temps!

Une meilleure gestion du temps exige une définition claire de vos objectifs. Qu'attendez-vous de la vie? Il est évident que vous n'obtiendrez pas de résultats satisfaisants dans tel aspect de votre vie que vous considérez important, si vous ne lui consacrez pas de temps. Je pense ici par exemple à la vie de couple qui doit le plus souvent se contenter des restes... On en vient à vivre le couple comme en passant, à travers les multiples occupations.

Il existe en fait un grand critère d'évaluation des occupations, qui consiste à faire une distinction entre ce qui est urgent et ce qui est important.

Dans nos vies ce qui est urgent, ou nous paraît tel par suite d'un manque de perspective, l'emporte presque toujours sur ce qui est important... À ce sujet, il me revient un conseil que m'a donné, au début de ma carrière, un écrivain chevronné: "Si tu veux écrire, sois vigilant... Devant la page blanche, tu trouveras toujours quelque chose de plus urgent à faire que d'écrire... Il s'agit pour toi de savoir si ton activité d'écrivain est assez importante pour y consacrer du temps et de t'y astreindre assidûment..." J'ai découvert depuis que son conseil trouve à s'appliquer à tout ce qui dans ma vie est important: non seulement écrire, mais aussi le couple, les amis; et en général les tâches à long ou à moyen terme par rapport à tout ce qui s'impose au jour le jour. J'ai aussi découvert qu'il y a des degrés dans l'urgence: l'urgence absolue, si je puis dire, et l'urgence relative... Sans compter tous les points de vue divergents sur la question: ceux des autres ne correspondent pas souvent à celui que je devrais moi-même avoir — en fonction de mes priorités.

Il entre aussi, dans une réflexion sur le temps, un aspect important: celui de l'évaluation du temps exigé pour une tâche donnée. Par définition, l'évaluation est subjective: elle découle du mental qui est en grande partie gouverné par les émotions. Il faut aussi faire une distinction entre le temps réel et le temps psychologique. Une tâche qui nous pèse paraît toujours exiger plus de temps qu'une tâche agréable. En pratique, il existe deux moyens pour déjouer une évaluation trop émotive: d'abord, découper par tranches une tâche difficile ou qui paraît pénible et procéder par étapes; ensuite, ne pas attendre de disposer du temps qu'une tâche paraît exiger pour l'entreprendre, mais en réaliser ce qu'on peut dans un temps donné — c'est-à-dire celui dont on dispose. Si vous croyez par exemple qu'une tâche exigera une heure de votre temps, faites l'expérience de réaliser ce que vous pourrez en dix ou quinze minutes. Vous serez étonné du progrès que vous aurez fait. J'ai souvent accompli en dix minutes des tâches qui me paraissaient exiger des heures. Peut-être connaissez-vous cette autre loi de Peter — le même dont j'ai parlé plus haut: **«Un travail prend toujours le temps qu'on a à lui consacrer...»** Il n'est pas exclu en effet que la tâche que vous devez accomplir puisse l'être en moins de temps que vous le croyez — surtout si vous n'en avez pas davantage à lui consacrer!

Par ailleurs, des études récentes ont démontré qu'il n'y a guère plus de quatre à cinq heures par jour qui soient vraiment productives. Lorsque l'énergie est investie sur une période plus longue, elle s'en trouve souvent diluée; et le résultat pourra même parfois être inférieur à celui qu'on aurait obtenu en concentrant davantage l'attention sur une période plus courte. D'où l'importance de renouveler l'intérêt en changeant d'occupation, mais surtout de savoir à quelle occupation on souhaite employer les heures de grande productivité. Ce qui revient encore une fois à une question de priorités.

La distinction entre le temps contraint et le temps libéré n'a donc de sens que si on aborde la question du point de vue social. Alors que, du point de vue personnel, on constate que le temps libéré peut bien souvent se transformer en temps contraint, si on le passe par exemple aux transports; mais que le temps contraint, en revanche, peut bien souvent se transformer en temps libéré, si on emploie par exemple le temps consacré aux transports à la lecture ou à l'audition de cassettes.

Le temps est le même pour tous. Et on dira qu'il n'y a pas de justice! À chacun de l'employer comme un capital précieux qu'il faut investir judicieusement.

«Le temps est le même pour tous.»

Pour se retrouver dans la vie, il faut se retrouver dans le temps. Pour s'appartenir, il faut s'appartenir dans le temps. (*)

(*) Pour en savoir plus, je recommande la lecture de deux ouvrages: celui d'Alan Lakein, *Comment contrôler votre temps et votre vie,* (Un monde différent, Ltée) et celui de Jean-Louis Servan-Schreiber, *L'Art du temps,* (Fayard).

Le temps
de l'enfance

C'était un matin d'hiver. Je devais avoir six ans. Je me trouvais à la maison. Un peu malade... Juste ce qu'il faut pour échapper à l'obligation d'aller à l'école! (Je pense aux bénéfices de la maladie.) À un moment, j'ai regardé par la fenêtre: il neigeait. Le front collé à la vitre, je regardais tomber les lourds flocons sans penser. Le temps était comme suspendu. Et j'étais moi-même comme suspendu dans le temps. Je n'aurais pas su dire à l'époque ce que j'éprouvais. Je sais aujourd'hui que cela tenait à une qualité particulière du temps. Et au sentiment d'une présence — la mienne. J'étais présent à moi-même. C'est dans ces termes que je puis maintenant évoquer cette expérience. Quel détour il m'aura fallu pour en venir à identifier cette qualité particulière du temps!

Je me souviens maintenant que le temps était rempli de ma présence... Je n'ai pas souvent retrouvé dans ma vie cette qualité particulière du temps. Comme tout le monde, je suis parvenu à l'âge de raison... Et j'ai été absorbé par le quotidien : les activités, les événements, les autres. Et comme tout le monde, j'ai cessé de m'appartenir. Il me semble que j'ai perdu pendant de longues années le contact avec moi-même. Que j'ai cessé pour ainsi dire d'être moi-même dans un temps libéré. Si ce n'est à l'occasion, un court moment, alors que je revenais à moi.

Et je me dis que libérer du temps, c'est créer les conditions pour se libérer des activités, des événements, des autres — pour se retrouver.

... Au moment où j'écris ces lignes, il est six heures du matin. Je me suis éveillé vers cinq heures. J'ai un peu flâné au lit, puis le chien m'a demandé la porte. Je suis ensuite venu à ma table de travail. Mais sans contrainte. Je me suis laissé un moment porter par le temps... Et j'ai commencé à prendre des notes, mais en laissant du temps entre les mots, entre les phrases... Comme des interstices de vide.

Car c'est dans le vide que ça se passe. C'est dans le vide que je retrouve cette qualité du temps. Que je remplis le temps de ma présence, que je suis présent à moi-même.

186

Je retrouve ce matin cette qualité particulière du temps de l'enfance.

Et dans le temps de l'enfance, je me retrouve.

Dans le temps et le silence intérieur.

Voilà!

C'est le moyen que j'ai découvert. Et que je vous suggère. Pour se retrouver, il faut se retrouver dans le temps; pour s'appartenir, il faut s'appartenir dans le temps. Ce qui suppose, non seulement de transformer du temps contraint en temps libéré, mais aussi de retrouver le temps de l'enfance. De retrouver cette qualité particulière du temps qui s'est perdue en chemin.

Bien sûr, il peut arriver qu'on retrouve le temps de l'enfance, comme ça par hasard, sans l'avoir recherché. Il se manifeste soudain et je le remplis de ma présence. Mais le seul moyen que j'aie découvert pour le retrouver à coup sûr — ou presque — c'est de me lever plus tôt...

Ça y est! Je devine que je vous ai fait mal. Mais je vous dois le fond de ma pensée... Je vous parais sans doute inconsistant. Dans un cas de burn-out, me direz-vous, il faut dormir davantage...

Dans un cas de burn-out, il faut avant tout revenir à soi. Et je suis convaincu que le temps de l'enfance permet de revenir à soi. Ce n'est sans doute pas le seul moyen, mais il est relativement sûr. C'est pourquoi je vous le suggère. Même si pour retrouver le temps de l'enfance, il faut parfois écourter un peu les nuits... Ou se coucher plus tôt.

Mais à vrai dire, le besoin de sommeil n'est pas aussi grand qu'on le croit. Nous pourrions dormir moins et nous porter mieux. C'est aussi et surtout une question de qualité de sommeil. Si nous mettions un peu d'ordre dans nos vies, si nous n'étions pas toujours vidés de notre énergie à cause de nos émotions, nous n'aurions pas besoin de tant d'heures de sommeil. Les émotions entraînent une perte considérable d'énergie.

Mais sans doute avez-vous l'impression que si vous aviez moins d'émotions vous vivriez moins... C'est pourtant le contraire. Essayez pendant un moment de faire le vide de vos émotions et de vos pensées. Vous aurez soudain l'impression de revenir à vous, d'entrer en possession de vous-même — et d'être plus...

Se lever plus tôt pour être avec soi. Pour être soi.

J'ai eu la chance de rencontrer plusieurs êtres exceptionnels dans ma vie et de les observer dans leur existence de tous les jours. Ils exerçaient tous un très grand contrôle sur leur temps. Ils parvenaient tous à maintenir une certaine distance par rapport aux événements et par rapport aux autres — à moins d'en avoir décidé autrement — en exerçant un contrôle sur leur temps. Et c'est ainsi qu'ils exerçaient un contrôle sur leur vie.

*Pour exercer un contrôle sur sa vie, il ne faut pas se laisser happer par le réveille-matin, par le grille-pain, par la voiture — happer par la quotidienneté du lever au coucher... Il faut se lever plus tôt. Tout simplement. Afin de prendre conscience du temps. Et de prendre conscience de soi dans le temps. Afin de retrouver cette qualité particulière du temps de l'enfance et commencer la journée en étant **présent à soi.***

Une question de dépassement

Tout au long de son existence, l'être humain est en transformation. Avec l'univers auquel il participe, il devient.

Tel est le sens de la vie.

Une résistance à ce processus de transformation se traduit souvent par un état de mal-être. De ce point de vue, on peut considérer le burn-out comme un moment de stagnation, parfois même comme une régression.

Il existe une hiérarchie de besoins que l'être humain, engagé dans ce processus de transformation, doit trouver à satisfaire pour vivre pleinement sa vie.

Ce sont tout d'abord les besoins physiques ou 'primaires', tels que ceux de manger et de dormir sous un toit. Puis, les besoins psychologiques ou 'secondaires', comme celui d'entretenir des relations humaines constructives au plan personnel, celui d'être apprécié dans son travail au plan professionnel ou vocationnel, et celui enfin de trouver un sens à la vie.

Mais au-delà de ces besoins, il y a encore celui de dépassement qu'on trouve en fait dans toutes les formes de vie, mais plus spécialement chez l'être humain qui, seul, a conscience d'être: *«un éclair au milieu de la nuit»* (*)

(*) Charles BAUDELAIRE, «Le voyage», *Les Fleurs du mal.*

Il ressort de ce qui précède:

    ❏ que c'est dans la satisfaction de ces besoins qu'on trouve la motivation nécessaire pour investir dans la vie — ce qui est essentiel à l'équilibre et au bonheur;

    ❏ qu'on doit investir tantôt sur un plan, tantôt sur un autre, un besoin n'étant jamais satisfait pour toujours: il est même parfois nécessaire de revenir à des besoins d'un niveau inférieur à celui auquel on voudrait se définir pour trouver à les satisfaire autrement qu'ils ne l'étaient jusque-là;

    ❏ et, enfin, que dans la mesure où les besoins considérés comme inférieurs se trouvent relativement satisfaits, il faut entreprendre de satisfaire des besoins d'un niveau de plus en plus élevé — mais sans jamais pour autant perdre de vue la nécessité de continuer à satisfaire toute sa vie les besoins inférieurs — dans une perspective de dépassement.

«...devenir plus et mieux.» La transformation, qui est le moteur même de la vie, se poursuit en fonction de devenir **plus** et **mieux**.

La satisfaction des besoins

Cette échelle des besoins que je viens d'exposer dans ses grandes lignes s'inspire des recherches d'Abraham Maslow sur la motivation. (*)

L'apport de Maslow porte en particulier sur la distinction qu'il fait entre, d'une part, «les besoins liés à l'insuffisance» («deficiency needs») et, d'autre part, «les besoins liés à la croissance» («growth needs») qu'on peut considérer comme des 'besoins supérieurs' . «L'important avec la psychologie humaniste, écrivait Maslow, c'est l'hypothèse des besoins supérieurs. Ces besoins sont considérés comme relevant aussi de la réalité biologique et inhérents à la nature humaine». On investirait donc au cours de l'existence à des niveaux de safisfaction de plus en plus élevés. Maslow estimait toutefois que les aspirations supérieures sont inséparables des aspirations inférieures qui sont comme la fondation sans laquelle les aspirations supérieures cessent d'exister.

Jusque-là, on pouvait croire que la psychologie moderne resterait associée à la médecine et qu'elle aurait pour mandat d'intervenir surtout auprès de 'patients', donc en fonction de besoins liés à l'insuffisance. En élargissant l'objet de la psychologie pour englober aussi les besoins liés à la croissance, la psychologie allait redevenir par le fait même associée à nouveau à la philosophie, pour ce qui est du moins de la branche 'humaniste', dans la recherche d'une réponse aux grandes questions de la vie.

«En élargissant l'objet de la psychologie pour englober aussi les besoins liés à la croissance...»

(*) Praticien de la **Gestalt**, psychanalyste et anthropologue, Maslow a été l'un des créateurs de la **Psychologie humaniste**. À la fin de sa vie, il aura aussi contribué à la création de la **Psychologie Transpersonnelle**. Son influence aura été considérable dans l'histoire de la psychologie moderne.

Nous demeurons encore trop souvent sous l'impression que la psychologie se définit principalement par rapport au pathologique. Ce qui a pour effet de retarder une assimilation plus générale d'un savoir dont nous avons à notre époque le plus grand besoin pour survivre individuellement et collectivement. Il importait donc de faire de la psychologie, non seulement un outil d'intervention au plan pathologique, mais aussi un outil de compréhension du monde et de travail sur soi — un outil de croissance.

Ainsi peut-on considérer le burn-out et les maladies de civilisation de deux points de vue:

❑ celui du manque...

Les victimes du burn-out peuvent parfois se trouver, comme je l'ai dit plus haut, en situation de manque au plan psychique, soit que certains conflits n'aient pas été résolus, soit qu'un aspect douloureux de la psyché l'ait investie totalement.

❑ et celui de la croissance

«...en général les candidats au burn-out se définissent comme des êtres dont le processus de transformation se trouve ralenti ou suspendu momentanément.»

Mais en général les candidats au burn-out se définissent plutôt comme des êtres dont le processus de transformation se trouve ralenti ou suspendu momentanément. Il s'agit alors le plus souvent, pour se libérer de cet état de mal-être, d'intervenir dans sa vie de manière à remettre en marche le processus de croissance.

Sans écarter la possibilité que le burn-out puisse être parfois l'effet d'un manque, l'expérience personnelle que j'en ai faite et l'observation de cas de burn-out dans ma pratique d'animation m'inclinent à penser qu'il est souvent associé à un ralentissement ou un arrêt de la croissance, et que la remise en marche de ce processus contribue toujours à soulager, et très souvent même à guérir cet état de mal-être.

> *«Un jour vient où nous faisons cette découverte fondamentale que la vie avec ses plus grandes joies et ses plus terribles souffrances n'était pas le fin mot de la Réalité et que quelque chose d'autre restait à découvrir.»*
> Arnaud DESJARDINS, *Yoga et spiritualité*, La Table Ronde.

Échelle des besoins (*)

NIVEAU III -   **PLAN SUPÉRIEUR**

     objet :   *dépassement de soi*

         Autodétermination
        • actualisation du moi

NIVEAU II -   **PLAN PSYCHOLOGIQUE**

     objet :   *estime de soi*

*Besoins
secondaires*

        Le sens de la vie   *COHÉRENCE*
       • domaine de la connaissance

        La vie professionnelle   *COMPÉTENCE*
       • domaine de la réalisation

        La vie personnelle   *CONSIDÉRATION*
       • domaine de l'amour

NIVEAU I -   **PLAN PHYSIQUE/MATÉRIEL**

     objet :   *survie*

*Besoins
primaires*

        sécurité, bien-être
        et plaisir

(*) L'échelle des besoins que je vous propose s'inspire de la théorie sur la motivation d'Abraham Maslow, mais redéfinie par le psychologue québécois Yves St-Arnaud dans son ouvrage *Devenir autonome* (Actualisation — Le Jour), relativement à son objet qui est aussi le nôtre : **identifier les indices d'autodéveloppement.**

```
╭─────────────────────────────────────────────────╮
│  NIVEAU I  -   PLAN PHYSIQUE/MATÉRIEL             │
│                                                   │
│  Besoins        objet : survie      sécurité,     │
│  primaires                          bien-être     │
│                                     et plaisir    │
╰─────────────────────────────────────────────────╯
```

❑ C'est d'abord la satisfaction des besoins instinctifs du corps et ses plaisirs: boire, manger, dormir.

❑ C'est aussi le territoire: avoir un toit et une certaine sécurité.

En somme, les besoins de ce niveau découlent surtout de l'instinct de conservation et de reproduction. L'organisme humain, à ce niveau de fonctionnement, est comparable à celui d'autres espèces animales.

```
╭─────────────────────────────────────────────────╮
│  NIVEAU II  -        PLAN PSYCHOLOGIQUE           │
│                                                   │
│            objet : estime de soi                  │
│                                                   │
│  Besoins      • domaine de la connaissance  COHÉRENCE │
│  secondaires    Le sens de la vie :               │
│                                                   │
│               • domaine de la réalisation  COMPÉTENCE │
│                 La vie professionnelle            │
│                                                   │
│               • domaine de l'amour  CONSIDÉRATION │
│                 La vie personnelle                │
╰─────────────────────────────────────────────────╯
```

❑ C'est la vie intime, personnelle, affective. Le besoin d'être apprécié, d'être aimé.

❑ C'est aussi le travail, la fonction, la vocation. Réussir ce qu'on entreprend.

❑ C'est enfin l'explication du monde, le sens de la vie. Comprendre ce qui se passe autour de soi et en soi.

Ces besoins psychologiques peuvent se ramener à l'**estime de soi**. «...On reconnaît, écrit Yves St-Arnaud, que l'absence d'anxiété, l'absence de culpabilité et de honte sans fondement à l'égard de soi-même, l'acceptation de soi, la capacité d'agir efficacement sur son environnement, la capacité d'établir de bonnes relations avec autrui, sont des signes qu'une personne se développe adéquatement.»

194

```
┌─────────────────────────────────────────────────────┐
│  ╭─────────────────────────────────────────────╮    │
│  │  NIVEAU III -          PLAN SUPÉRIEUR        │    │
│  ╰─────────────────────────────────────────────╯    │
│                                                       │
│           objet : dépassement de soi                  │
│                                                       │
│           Autodétermination                          │
│         • actualisation du moi                        │
│                                                       │
└─────────────────────────────────────────────────────┘
```

❑ On peut entendre le dépassement au sens restreint de relever un défi, d'atteindre le but vers lequel on se projette; mais aussi au sens plus large de **l'actualisation de soi**. (*)

Au-delà de la satisfaction des besoins primaires et secondaires, le but de l'existence se trouve donc dans le dépassement, dans le fait pour l'être de devenir lui-même l'objet de sa motivation. «C'est alors, écrit plus loin Yves St-Arnaud, que le sujet cherche à se réaliser lui-même, à travers l'amour qu'il reçoit, les choses qu'il réalise et les réponses qu'il obtient aux questions qu'il pose.»

On peut parler de dépassement au sens d'une actualisation de soi correspondant à la maturité psychologique.

L'être devient **adulte**.

(*) Ces deux objets différents correspondent aux priorités différentes dans les deux étapes de la vie active, dont j'ai parlé plus haut à propos de la crise du milieu de la vie qui marque précisément le passage de l'une à l'autre.

«Les êtres qui s'actualisent font montre de naturel, de plus de spontanéité et d'une certaine liberté.»

Ce concept de l'actualisation de soi est particulièrement cher à Maslow qui le définit aussi comme le fait de réaliser son potentiel. Les êtres qui s'actualisent, plutôt que de se définir seulement par exemple en fonction de la lutte pour la survie, font montre de naturel, de plus de spontanéité et d'une certaine liberté. Non pas qu'ils aient pour autant résolu tous leurs problèmes matériels ou psychiques — qu'il faut trouver à satisfaire toute la vie. Mais chez eux se confondent l'existence et une démarche consciente. Ils exercent sur leur vie un certain contrôle, tout en donnant l'impression que c'est la vie qui les porte. Maslow décrit ceux qui tendent vers l'actualisation de soi comme des êtres qui savent utiliser et exploiter leurs talents, leurs possibilités — leur potentiel... «Ils semblent s'accomplir, écrivait-il, et faire au mieux ce dont ils sont capables.» Il considérait que ces individus exceptionnels offraient un **modèle d'excellence** à la race humaine.

On peut aussi donner à l'actualisation de soi le sens d'une certaine **transcendance**. Comme l'indique d'ailleurs le fait que Maslow à la fin de sa vie, par suite de ses recherches sur ce qu'il a appelé la méta-motivation, devait aussi contribuer à la création de la Psychologie Transpersonnelle, reconnaissant en cela l'existence d'une dimension supérieure de l'être qui se définit au-delà de sa réalité strictement psychosomatique.

Au-delà du burn-out

Mais dans le présent contexte, ce sont les besoins psychologiques de l'être qui nous intéressent plus spécialement: les besoins de considération, de compétence et de cohérence; de même que le besoin de dépassement. De la satisfaction relative de ces besoins découle l'estime de soi — qui paraît être le principal moteur de l'existence.

Or, le peu d'estime de soi est au coeur du burn-out. Comme de la dépression du reste, alors que l'estime de soi est au plus bas: au point que l'être retourne son agressivité contre lui-même. Mais dans le burn-out, l'estime de soi se trouve déjà ébranlée: le plus souvent aux plans de la compétence d'abord, puis de la considération et de la cohérence, et enfin du dépassement.

En terminant, je vous propose de considérer un moment le burn-out par rapport à l'échelle de Maslow, en particulier des besoins psychologiques et du besoin de dépassement. Et tout s'éclaire..

Nous savons que le burn-out est un état de mal-être qui est amorcé par l'insatisfaction, voire même la frustration, que j'éprouve au plan de ma compétence: travail, fonction, vocation. Pour des raisons qui tiennent en partie de l'environnement (pressions trop fortes) et en partie de mes attitudes (attentes trop grandes), je ne trouve plus dans cet aspect de ma vie la gratification que j'en attendais. Et je commence à ressentir certains des symptômes du burn-out...

C'est alors que je me tourne vers le plan de la considération dans l'espoir de trouver dans ma vie personnelle et affective une satisfaction qui compenserait pour celle que je n'éprouve plus par ailleurs. Or, très souvent les nouvelles attentes que j'entretiens désormais sur ce plan sont aussi déçues... Elles le sont d'autant plus qu'elles s'ajoutent aux attentes que j'entretenais déjà sur ce plan et qui la plupart du temps étaient souvent mal satisfaites. Mais je parvenais jusque-là à maintenir malgré tout un certain équilibre, grâce à des patterns de fonctionnement qui me sécurisaient, si bien que je ne me rendais pas vraiment compte de la situation précaire dans laquelle je me trouvais au plan personnel. Et voici qu'en `reportant mes attentes du plan professionnel au plan personnel, le poids en devient trop lourd pour la vie personnelle qui se trouve à son tour ébranlée. Je découvre alors mon isolement: je croyais ma vie remplie, mais elle m'apparaît vide; ou encore c'est la difficulté, voire l'impossibilité, d'un partage véritable avec le compagnon ou la compagne, ou les enfants qui prennent leurs distances et déçoivent les espoirs qu'on avait fondés sur eux... Bref, je me sens sur ce plan comme sur l'autre débordé par les conditions et les circonstances de ma vie.

«...je me sens débordé par les conditions et les circonstances de ma vie.»

Il arrive parfois que la recherche d'une compensation aille dans l'autre sens: que les attentes déçues au plan de la vie personnelle obligent à se tourner vers la vie professionnelle avec de plus grandes attentes. Mais le résultat est le même. C'est seulement une question de conditions et de circonstances particulières.

Quoi qu'il en soit, c'est lorsqu'il y a **synergie**, autrement dit conjonction de la détérioration et son renforcement d'un plan par l'autre — celui de la compétence et celui de la considération — que le burn-out s'installe.

Et c'est à ce moment que la lassitude que j'éprouvais jusque-là se change en cynisme. Que j'en viens par exemple à me dire: "Après tout, tant pis... Qu'ils aillent au diable (les enfants, vieillards, élèves, patients, clients, associés, actionnaires...)! Je n'ai qu'à faire le strict minimum... Je gagne ma vie, rien de plus!"

Et c'est avec cette rationalisation que, sans m'en rendre compte, je fais régresser ma motivation du niveau des besoins psychologiques à celui des besoins matériels... En prétendant vouloir m'en tenir désormais à la satisfaction des seuls besoins matériels, je ramène ma motivation à une question de survie: manger, avoir un toit...

Or, la victime du burn-out est par définition un être dont les vrais besoins se trouvent au-delà du niveau primaire; un être dont la motivation se situe surtout au niveau des besoins secondaires et qui cherche — quoi qu'il prétende maintenant — à satisfaire des besoins psychologiques; un être pour qui, autrement dit, l'estime de soi est le principal moteur de la vie. Et qui éprouve même, consciemment ou non, un besoin impérieux de dépassement. Il a beau prétendre qu'il va désormais se contenter de la satisfaction des besoins du niveau primaire, il se leurre. Il fait semblant de le croire, il va même parfois jusqu'à l'affirmer sur un ton désabusé et provocateur, mais la vérité est qu'il souffre. Qu'il éprouve en son for intérieur le sentiment que la vie l'a floué...

C'est alors que la victime du burn-out se tourne vers le plan de la cohérence: vers la satisfaction qu'on tire du sens de la vie, de l'explication du monde et de l'univers. Mais il va sans dire que la cohérence ne résiste pas davantage au poids de toutes les attentes reportées désormais sur elle seule. Plus le vécu est difficile, plus il faudrait une explication de la vie qui fût inébranlable pour résister aux pressions exercées sur les autres plans... La vie paraît alors ne plus avoir de sens.

Il est rare en effet qu'une personne ébranlée sur les plans de la compétence et de la considération puisse se tourner vers celui de la cohérence sans provoquer un effondrement. Il faudrait une foi à toute épreuve, une connaissance exceptionnellement bien structurée, un caractère de guerrier endurci ou une intuition particulièrement éveillée, alors qu'on se trouve par ailleurs en pleine crise, pour prendre appui sur le sens de la vie et compenser ainsi la déception qu'on éprouve sur tous les autres plans. Le plus souvent, la cohérence s'écroule donc à son tour. Et la grande aventure humaine — bref, tout paraît absurde.

D'autant plus que la cohérence est toujours provisoire. Comme tout le reste, elle se transforme au cours de l'existence: à chaque étape, mon explication du monde et le sens que je donne à ma vie sont différents. Il est même rare qu'on soit à jour sur ce plan. La remise à jour du sens de la vie, je la fais le plus souvent sur le tas, à travers la souffrance engendrée par les crises. Et c'est ainsi que petit à petit mon explication du monde et de l'univers, que le sens de la vie se transforme avec moi: ce qui me satisfaisait à une étape antérieure comme explication du monde ou de l'univers en vient à me paraître dérisoire et le sens que je trouvais à la vie, à me paraître futile... À chaque étape, je me demande même comment j'ai pu demeurer aussi longtemps dans l'espace mental correspondant à l'étape antérieure, comment j'ai pu me contenter d'une explication aussi simpliste. La solution se trouve, encore une fois, dans la croissance.

Le burn-out est une de ces crises qui m'obligent à me redéfinir sur tous les plans.

Si je m'accroche à l'espace mental correspondant à la crise, si je refuse de lâcher prise, je ne parviendrai pas à me libérer, à sortir de ma souffrance. Je n'y parviendrai que si je me tire de cet espace par une démarche qui me permette d'accéder à un nouvel espace. Et ainsi de suite — dans la perspective d'un dépassement continuel.

L'explication du monde, autrement dit le sens de la vie, représente en soi une puissante motivation. Mais on en est rarement conscient. C'est pourtant en fonction du sens que me paraît avoir la vie, que je pense et que j'agis. Et dans la mesure où il existe un rapport relativement cohérent entre le sens de la vie et mon vécu, ou encore entre mes valeurs personnelles et mon existence au jour le jour, j'éprouve une satisfaction qui se traduit par une plus grande estime de moi-même.

«...le sens de la vie représente en soi une puissante motivation.»

Il y a crise lorsque je n'arrive plus à comprendre mon vécu — à l'englober — dans mon explication du monde; lorsque je n'arrive plus à m'expliquer le monde et mon fonctionnement dans le monde — autrement dit, lorsque le sens de la vie m'échappe.

C'est ce qui se produit dans le burn-out. Je n'arrive plus à m'expliquer ce que je vis. Je n'arrive plus à intégrer mon vécu, à le comprendre.

D'où l'importance d'entreprendre ou de poursuivre plus activement une démarche en fonction de la cohérence. C'est par le renouvellement de mon explication du monde et du sens que je donne à la vie que je peux défaire le noeud inextricable de mes attentes déçues et redéfinir mes attitudes — dans une perspective de dépassement...

... au-delà du burn-out.

 ACHEVÉ   D'IMPRIMER
EN   OCTOBRE   1987
SUR LES PRESSES DE
PAYETTE & SIMMS INC.
À SAINT-LAMBERT, P.Q.